U0961190

口袋指南

巴塞罗那

必游景点 · 本地体验 · 轻松出发

Pocket

本书作者
瑞吉斯·圣路易斯（Regis St Louis）
萨丽·戴维斯（Sally Davies）

中国地图出版社

本书特色

轻松计划行程

全方位了解目的地，
助你规划精彩行程

行前参考

贴心提示让旅途
更轻松

巴塞罗那最佳

多彩榜单助你快速
了解目的地亮点

探索巴塞罗那

分区域介绍
最佳看点和活动

顶级景点

不可错过的精彩

当地生活

体验原汁原味的
目的地

生存指南

实用建议
令你上路无忧

当地交通

像本地人一样四通八达

实用信息

包括住宿推荐在内的
详尽贴士

特别呈现

作者的优选内容
让旅行体验更深入

最佳步行游览

双脚丈量巴塞罗那的
经典线路

了解灰页

丰富生动的文化背景
知识

通过下列符号找到该区域的最佳选择：

景点和活动

就餐

饮品

娱乐

购物

下列符号所代表的都是重要信息：

电话号码	适合家庭
营业时间	允许携带宠物
停车场	巴士
禁止吸烟	轮渡
上网	地铁
无线网络	地铁
素食菜品	有轨电车
英语菜单	火车

地图标识助你快速找到需要的信息：

Lonely Planet《巴塞罗那》

Lonely Planet口袋指南专为渴望轻松深入目的地的你而精心打造。

在本书中，你会找到巴塞罗那所有的必游景点，我们的独家建议会让你的旅程更加难忘。书中将巴塞罗那划分成几个合理的区域，通过地图清晰标示出所有地点。我们的资深作者通过实地调研，为你呈现出本地精华所在，例如建筑、博物馆、现场音乐和西班牙小吃。若你还想探索更多，“当地生活”章节将为你推荐一些不为人知的精彩路线，深入体验原汁原味的目的地。此外，书中的实用信息将令你的旅程更加轻松顺利。有趣的短途游览路线、明晰的当地交通信息，甚至各地不同的小费标准，在这本小书中均有提及。

Lonely Planet《巴塞罗那》将是你在旅途中获得美妙体验的保证。

我们的承诺

我们的工作就是让你拥有高品质的旅程。在写作每一版指南之前，孤独星球的作者都会实地考察、亲身体验。请放心，我们一贯实事求是，从不接受他人馈赠而为之宣传。

生存指南 177

特别呈现

值得一游

最佳步行游览

了解巴塞罗那

轻松计划行程

欢迎来巴塞罗那

作为全球最为迷人的城市之一，巴塞罗那汇聚了特立独行的现代主义建筑、阳光明媚的沙滩和路灯照亮着的中世纪街巷，餐饮店面独具匠心、藏身其间。从古罗马遗迹到充满毕加索作品的画廊，这个加泰罗尼亚首府城市就是一座历史和艺术宝库。高耸的哥特式大教堂、气氛喧闹的巴塞罗那足球俱乐部（FC Barcelona）比赛以及老式鸡尾酒吧的深夜畅饮——这些只是巴塞罗那精彩体验的一小部分。

俯瞰巴塞罗那

ALLAN BAXTER/GETTY IMAGES ©

巴塞罗那
顶级景点

神圣家族教堂（见136页）

圣殿神圣家族教堂的建筑风格创意无限，它是高迪的现代主义代表作，是一件尚未竣工的杰出作品。

NARVIKK/GETTY IMAGES ©

古埃尔公园（见142页）

高迪嬉戏玩乐的灵感在此得以充分发挥，公园仿佛出自孩童想象中的世界，充满稀奇古怪的建筑物和大型动物模型。

PIXELPROF/GETTY IMAGES ©

大教堂（见56页）

巴塞罗那的大教堂历经几个世纪，仿佛一个沉默不语的人，见证着城市的变迁。这是一座高大的建筑，设计鬼斧神工，中间精致的回廊有鹅栖居。

MANFRED GOTTSCHALK/GETTY IMAGES ©

兰布拉大道（见52页）

鲜有步行街能媲美兰布拉大道。它贯穿巴塞罗那老城区，直至地中海岸边。既是画布，又是秀场，还是舞台。

海之圣母玛利亚教堂（见90页）

这座高耸的哥特式教堂优美、和谐、对称、质朴，它是“我们最中意的巴塞罗那传统教堂”称号的最佳候选者。

DOMINGO LEIVA/GETTY IMAGES ©

巴特洛公寓（见120页）

这座建筑位于巴塞罗那最宽敞的大街上。这座建筑让高迪超越了自己，那些闪亮的彩色瓷片和面具一般的阳台让人想起神龙、热闹的节日和海底王国。

CATERINA BARJAU/MUSEU PICASSO ©

毕加索博物馆（见86页）

巴勃罗·毕加索对于这座他所钟爱的城市的不朽贡献就是这座博物馆，这里收藏着其早期作品，展示了他探索独立风格之路，引人入胜。

SERGIO PARISI/GETTY IMAGES ©

博盖里亚市场（见74页）

欧洲大型农产品市场之一，也是巴塞罗那的饮食文化核心。这里既有顾客盈门的西班牙小吃酒吧，也有独特的加泰罗尼亚农产品。

加泰罗尼亚国家艺术博物馆

（见146页）

巴塞罗那的艺术珍品宝库，拥有来自比利牛斯山脉的罗马式壁画、威尼斯文艺复兴时期以及加泰罗尼亚本土艺术大师的画作。

采石场（见118页）

高迪设计的最后一个私人住宅使建筑成为高雅艺术。这栋无与伦比的现代主义公寓大楼构思精巧，设计细节非比寻常，比如机械门把手和武士模样的烟囱。

SANTI RODRIGUEZ/SHUTTERSTOCK ©

ALBERTO MASNOVO/SHUTTERSTOCK ©

米罗基金会美术馆（见150页）

谈及胡安·米罗的艺术瑰宝，这家博物馆的藏品堪称最佳、最全。米罗是巴塞罗那最受爱戴的人物之一，也是20世纪加泰罗尼亚的艺术巨匠。

KRZYSZTOF DYDYNSK/GETTY IMAGES ©

诺坎普体育场和诺坎普体验

（见164~165页）

在这座圣殿和神圣草坪，没什么能匹敌巴塞罗那足球俱乐部主场所激发出的热情。它是全球名气最大的体育场馆之一，也是球迷朝圣地。

巴塞罗那最佳
餐厅

巴塞罗那是欧洲最丰富的美食之都，这个城市里几乎每个角落都能找到备受推崇的佳肴。传统的加泰罗尼亚料理是主流，但也有可以进行美食探索的超现代时尚殿堂和提供西班牙其他地方美食的场所。

加泰罗尼亚菜的新风尚

前卫派主厨们对食物如同对待艺术般投入，以及在传统本地料理主题上大胆的即兴创作，使加泰罗尼亚料理闻名遐迩。在这里美食烹饪的概念被诠释为：主厨将液体改造成泡沫，制作成经典菜式“冰激凌”，用冻干食品制作浓缩的粉状料理，以及运用球化技术将混合食材制成精巧玲珑的球状料理。

传统加泰罗尼亚菜

传统的加泰罗尼亚烹饪方式展现了地中海地区的众多特产：鱼、虾、墨鱼、蛤蜊、猪肉、兔肉、野味、橄榄油和大量的蒜。传统菜式中还会出现一些独特的搭配，例如，墨鱼鹰嘴豆、鱼子酱腌肉、兔肉大虾，还有梨配鹅肉。

海鲜

这里还有不计其数的海鲜餐厅。因此在靠近海边的小巴塞罗那，形形色色的食肆也是意料之中的多，这里有令人贪恋的西班牙肉菜饭，还有当天捕捞并烤制得相当美味的海鲜。可以尝试一下几道经典的菜式，比如，arròs a la marinera（海鲜饭）、fideuà（一种类似肉菜饭细粉的面条）、suquet（炖鱼）和bollabessa de peix i marisc（鱼肉与海鲜的浓味汤）。

最佳传统加泰罗尼亚料理

Cafè de l'Acadèmia 哥特区迷人环境中的加泰罗尼亚顶级美食。（见64页）

Suculent 烹饪界超级明星卡莱斯·阿贝良（Carles Abellan）的高品质传统秘方。（见81页）

Mam i Teca 拉巴尔区不错的加泰罗尼亚料理。（见80页）

Casa Calvet 在高迪建筑中享用一次难忘的饕餮盛宴。（见上图；见132页）

Vivanda 餐厅的花园全年开放，这里的加泰罗尼亚料理妙不可言。（见168页）

La Vinateria del Call 在浪漫的中世纪环境中享受令人回味的传统菜式。（见63页）

Can Culleretes 城市最古老的餐厅及其奢华的传统菜品。（见59页）

最佳海鲜

Passadís del Pep 能尝到巴塞罗那当地最鲜活海鲜的秘密之地。（见98页）

La Cova Fumada 小巴塞罗那让人踏破门槛的餐厅，以海产小菜为特色。（见107页）

Barraca 在这家人气很高的海滨餐厅中享用令人垂涎三尺的肉菜饭以及其他饭类菜肴。（见114页）

Can Maño 能吃到物美价廉海鲜的低调酒馆。（见114页）

最佳新风尚

Disfrutar 一家迅速跻身巴塞罗那最热门餐馆行列的前卫派新餐厅。（见132页）

Cinc Sentits 一家米其林星级餐厅，也是专为创意烹饪开设的美食实验室。（见132页）

Pla 带有传统美食印记的新式风味与怀旧环境的融合。（见66页）

Tickets 名厨阿尔伯特·阿德里亚（Albert Adrià）开的著名餐厅，展现了巴塞罗那最好的新派西班牙菜厨房（nueva cocinae española）。（见161页）

最佳素食

Flax & Kale 沙拉缤纷可口，是一家充满奇思妙想的餐厅。（见80页）

Rasoterra 对欧洲和东方影响深远的创意素食料理。（见64页）

Amaltea 风靡扩建区的无肉餐馆。（见129页）

最佳各国风味

Koy Shunka 在回转桌上用餐，并欣赏经验丰富的寿司大厨准备的精致玲珑的菜品。（见66页）

El Atril 菜式充满澳大利亚风味（包括袋鼠肉片）的户外餐厅。（见99页）

Bangkok Cafe 轻松品尝巴塞罗那最好的东南亚美食。（见169页）

Casa Delfín 在富有情调的环境中享用美味的地中海料理。（见99页）

最佳甜品

Foix de Sarrià 从1886年开始出售精致可口的糕点和糖果。（见168页）

Caelum 在咖啡馆里享用甜点，或下楼去感受中世纪的神秘氛围。（见68页）

值得一游

Can Recasens（☎93 300 81 23；Rambla del Poblenou 102；主菜 €7~15；⊙周一至周六 9:00至次日1:00，周六 13:00~16:00；Ⓜ Poblenou）位于小巴塞罗那的西北方的Poblenou，藏着许多放满油画和彩灯的温暖房间。这里的食物非常可口，有沙拉、干酪、腌肉、芝士，以及堆满了野生蘑菇和布里干酪或烤蔬菜（escalivada）和格鲁耶尔干酪（Gruyère）的开口三明治。

巴塞罗那最佳
西班牙小吃

西班牙小吃是一种极具创意、可以一口吞下的小块食物，是巴塞罗那饮食文化中的中流砥柱。如同所有加泰罗尼亚美食元素一样，西班牙小吃的选择也是应有尽有的，有传统加泰罗尼亚式的小罐子海鲜，还有从实验室起源、微小得不可思议的美食组合。

西班牙小吃酒吧

从“酒吧”二字可以知道，这些地方并不像餐厅一样正式，而且饮品是酒吧体验中的一个重要组成部分。确实，吃西班牙小吃也经常都是坐在高凳上，有时站在吧台附近享用的。当你来到这里，就有食物可以让你马上开动，如果你急着用餐，西班牙小吃酒吧会是一个很好的选择，或者你也可以在串吧过程中多吃几家西班牙小吃店。

如何点餐

西班牙小吃通常是这样点餐的：你在酒吧里，或就近的一张咖啡馆风格的桌子处找到座位，然后点饮品——可以尝试一下略微起泡的白葡萄酒（txacolí）、气泡酒（cava）、自制苦艾酒（vermut），或来一杯提神的生啤酒（caña）——再点一盘小吃。有些地方会有一叠盘子，这表明你可以自助用餐。很多西班牙小吃都是montaditos（置于切片面包之上），从细腻的羊乳干酪、芝士与核桃的组合，到厚厚一块的辣香肠，不一而足。所有的小吃都用牙签串着，这更方便食用，但也有一个更重要的原因：当你准备离开时，数牙签的数量就能够知道你消费的数额。

LUCIA LAMBRIEX/GETTY IMAGES ©

☑ 独家贴士

- 西班牙小吃最好在晚餐前享用，想要靠小吃填饱肚子花费很高。
- 西班牙小吃的分量非常小，但如果你特别喜欢其中一种的话你可以点满盘尺寸（ración）或半盘尺寸（media ración）。

最佳传统西班牙小吃

Quimet i Quimet 这里有获奖的小吃、顶级葡萄酒以及精选的啤酒，还有五代人的殷勤款待。（见160页）

La Cova Fumada 这家总是座无虚席的店的确配得上它家喻户晓的名声。（见107页）

Pintxos

Bar Pinotxo 在这个位于博盖里亚市场的传奇西班牙小吃酒吧里，拉过一张酒吧高脚凳坐下来吧。（见75页）

El Xampanyet 被凤尾鱼包围与不随时间流逝的氛围。（见92页）

Elisabets 几十年未曾改变，品尝加泰罗尼亚香肠（fuet）或馅料面包的好地方。（见77页）

Bar Ramón 老派摇滚风格中的美味小吃。（见153页）

Cal Pep 在这个历史悠久的西班牙小吃店，传统美食得到了特别改良。（见93页）

Vaso de Oro 在小巴塞罗那，烤大虾就应当如此。（见107页）

Bar Tomàs 荜门蓬户的酒吧与其无与伦比的patatas bravas（配上微辣番茄酱的土豆块）。（见168页）

最具设计感的西班牙小吃

Tickets 分子料理明星阿尔伯特·阿德里亚（Albert Adrià）所开的名流餐厅。（见161页）

Tapas 24 位于扩建区一片净白的地下室内，在经典西班牙小吃品种基础上的即兴创新。（见129页）

Cata 1.81 这里的西班牙小吃以整个世界为灵感之源。（见132页）

Palo Cortao 波布塞克共享菜式的新星。（见160页）

Bormuth 经典菜式与新兴潮流的愉悦融合，还有让人精神焕发的苦艾酒。（见98页）

Kaiku 布置大方的小巴塞罗那餐厅，拥有可口的创新菜式。（见114页）

Belmonte 舒适温馨的哥特区环境里标新立异的加泰罗尼亚菜式。（见64页）

最佳地方西班牙小吃

Euskal Etxea 位于博恩区的三层酒吧，摆满了巴斯克的pintxos。（见93页）

Bar del Pla 来自西班牙各地的小吃呈现了新的生命与方向。（见93页）

巴塞罗那最佳
购物

巴塞罗那是世界级的购物中心，这里鲜明的时尚感遍布了时装和室内装饰品，以及饮食店铺、市场、古玩和手工艺品等各个方面。时尚的真正起源地是扩建区，所有的街道都在标志性的格拉西亚大道周围。另外，走进老城区狭小街道上的精品店，会让你宛若不经意地发现隐藏的珍宝。

IAN AITKEN/GETTY IMAGES ©

时尚

你会看到专营西班牙大设计品牌和著名加泰罗尼亚设计品牌的精品店，例如，永恒经典的阿曼贝斯（Armand Basi）以及著名的年轻品牌Custo Dalmau。而且几乎所有国际品牌在巴塞罗那都会有一家专营店。在扩建区中心的网状街道——也被称为金色广场（Quadrat d' Or）——里面有各种各样的品牌。

食品和饮品

农产品市场应该会吸引你的注意。博盖里亚市场应该是欧洲最好的市场，但巴塞罗那也遍布各种很小的美食店，有些经历百年依旧如故，还有些以巴塞罗那的方式紧随新兴潮流。它们都是购买野餐食品和纪念品的绝佳去处。

古玩和家居用品

巴塞罗那的老城区——哥特区、海岸区和拉巴尔区——是适合寻宝的精彩纷呈之地，在这些曲折交错的道路中，传统文化以古董、当地奇趣工艺品或是复古陈设品的形式流传至今。在扩建区有顶级的高端设计店，在此你能够找到风格最前卫、款式齐全的家居用品。

最佳店铺

La Manual Alpargatera 哥特区专门制作绳底帆布鞋（espadrilles）的著名怀旧店铺。（见71页）

Amapola Vegan Shop 由不含动物成分的材料制作而成的精美鞋子、包包和首饰。（见141页）

Regia 扩建区的一家传奇香水店，从20世纪20年代就开始经营。（见134页）

Magnesia 格拉西亚一家首饰盒般的店铺，为购置礼品出谋划策。（见141页）

Loisaida 男女皆宜的时装、古玩和复古黑胶唱片。（见103页）

Lurdes Bergada 首屈一指的潮流时装店，出售

待售的彩色绳底帆布鞋

高质量的男女服装。(见122页)

Bagués-Masriera 你还能在哪里找到现代主义风格的珠宝首饰?(见123页)

最佳饮食店

博盖里亚市场 新鲜食品的市场，巴塞罗那饮食文化的宝库。(见74页)

Caelum 西班牙各地的糖果、蜜饯和修道院制作的曲奇。(见68页)

Casa Gispert 各式各样的烤坚果，还有巧克力、果酱和橄榄油。(见102页)

Foix de Sarrià 制作精美得让人不忍下口的糕点。(见168页)

Joan Múrria 加泰罗尼亚和西班牙其他地方最佳的食用产品。(见135页)

最佳古玩和家居用品

Port Antic Market 接近兰布拉大道尽头处充满趣味的周末古玩小市场。(见115页)

古董市场 一些迷宫般的小古玩店，值得早晨前来四处逛逛。(见134页)

值得一游

Els Encants Vells(Fira de Bellcaire; ☎93 246 30 30; www.encantsbcn.com; Plaça de les Glòries Catalanes; ⌚周一、周三、周五和周六 9:00~20:00; Ⓜ Glòries)是巴塞罗那最真材实料的跳蚤市场，位于扩建区的东北方，有从磨损的旧鞋和小古玩到古风家具和新衣服等的各种商品，是特价商品猎手们从中淘宝的好地方。早上过去可以挑选到最好的物品。

巴塞罗那最佳 建筑

甚少有城市像巴塞罗那一样能用当地的建筑来诠释。安东尼·高迪作品中奇异而绝妙的创意，回荡在城里无数现代主义建筑中。但巴塞罗那的建筑是多维度的，以哥特式的宏伟为基础，延续了当代的创新精神，这些都为这个城市非凡的景观增添了深度内涵。

哥特式的巴塞罗那

巴塞罗那是欧洲哥特式宝库之一，现代主义者大多是从这些瑰宝中获得了灵感的源泉。加泰罗尼亚的哥特主义具有自己的独特之处，主要体现在保守的装饰风格与加泰罗尼亚建筑师倡导的"广度大于高度"的思想。

现代主义者

现代主义是19世纪80年代出现在巴塞罗那的，那是这座城市最美好的时光。尽管名字中暗示着对旧文化的否定，但现代主义的先驱者往往都是通过深入地钻研历史以获得灵感，博采众长然后打破常规。对很多人来说，现代主义与高迪（1852~1926年）同义，但只有他一人是孤掌难鸣的。路易·多梅内克·蒙塔内尔（Lluís Domènech i Montaner；1850~1923年）和何塞普·普伊赫·卡达法尔克（Josep Puig i Cadafalch；1867~1957年）也都在城市各处留下了大量令人拍案叫绝的建筑作品。

当代建筑

巴塞罗那对艺术界新创意和新趋势毫无保留的开放性，让国内外的建筑师找到了一片能够为城市增添大胆新元素的乐土。

ALIONABIRUKOVA/GETTY IMAGES ©

最佳哥特式巨作

大教堂 老城区哥特式作品的一大亮点，奢华而肃穆。（见56页）

海之圣母玛利亚教堂 无疑是加泰罗尼亚哥特艺术的巅峰之作。（见90页）

常青树圣母玛利亚教堂 一件14世纪的珍宝，拥有让人目眩神迷的圆花窗。（见62页）

海事博物馆 位于兰布拉大道靠海尽头处的哥特船坞原址内。（见上图；见110页）

佩德拉尔维斯修道院博物馆 内有3层回廊的华丽的14世纪修道院。（见167页）

毕加索博物馆 稀有的哥特式公馆遗址，如今被巧妙地改造成了展览空间。（见86页）

安东尼·塔皮埃斯基金会美术馆

最佳高迪作品

神圣家族教堂 高迪未完成的交响曲。(见136页)

采石场 拥有别致屋顶的高迪公寓大楼代表作。(见118页)

巴特洛公寓 令人瞩目的外观与震撼人心的内在相得益彰。(见120页)

古埃尔宫 旧城镇中唯一的高迪大楼。(见79页)

古埃尔公园 高迪充满童趣的欢快作品。(见142页)

其它最佳现代主义作品

加泰罗尼亚音乐宫 荡魂摄魄的音乐厅,出自路易·多梅内克·蒙塔内尔之手。(见96页)

阿马特耶之家 在巴特洛公寓附近,何塞·普伊赫·卡达法尔克带有人字墙屋顶的作品。(见126页)

叶奥·莫雷拉之家 外观华美得仿佛仙女翩翩起舞,此外还有屋顶炮台和彩色室内玻璃。(见126页)

安东尼·塔皮埃斯基金会美术馆 出自路易·多梅内克·蒙塔内尔的砖铁结构大师之作。(见127页)

圣保罗现代主义建筑群 由路易·多梅内克·蒙塔内尔所设计,是位于神圣家族教堂北面金碧辉煌的廊亭。(见126页)

巴罗·夸德拉斯宫 何塞·普伊赫·卡达法尔克设计的彩色玻璃和新哥特式装饰图案。(见127页)

值得一游

贝耶斯瓦德堡

(Bellesguard; ☎93 250 40 93; www.bellesguardgaudi.com; Carrer de Bellesguard 16; €9; 周二至周日10:00~15:00; FGC Avinguda Tibidabo)是蒙尘已久、近期才逐渐为人熟知的高迪杰作,拥有结合了哥特与现代主义元素的城堡式外观。周末11:00会有英语解说的导览游。其他时间,你可以使用音频向导游览建筑内部和庭院。

巴塞罗那最佳
艺术和设计

巴塞罗那长久以来都是西班牙和加泰罗尼亚艺术家的画布——这里的街道、广场、公园和画廊中遍布古往今来各个艺术家的签名。从现代主义的雕塑家，如何塞普·黎芒那（Josep Llimona），到国内外巨星，如罗伊·里奇特斯坦（Roy Lichtenstein）和胡安·米罗，都在这里留下了他们的印记。

AXIOM PHOTOGRAPHIC/GETTY IMAGES ©

街头艺术

自从20世纪70年代晚期民主主义再次出现后，政府就从未吝啬于鼓励人们在城市的公共空间创作当代作品，有些作品确实气势恢宏，但多数作品都是难以理解的。一些巴塞罗那人时常在这些作品中不期而遇：步行前往奥林匹克港路上弗兰克·盖里（Frank Gehry）的鱼形雕塑；兰布拉大道上胡安·米罗的马赛克；还有城堡公园（见上图）边上安东尼·塔皮埃斯那尊令人费解的雕塑；甚至还有一尊为了向人形城堡（castellers）致敬、用电线交错缠绕的高耸雕像，距离Plaça de Sant Miquel的市政厅很近。

20世纪艺术

20世纪艺术界两个鼎鼎有名的人物——巴勃罗·毕加索和胡安·米罗——都和巴塞罗那有着重要联系，而且他们都在这座城市留下了不计其数的遗产。这里展示着毕加索早期最核心的艺术作品，还有胡安·米罗著作的最完整的收藏。除了这些国际大腕，巴塞罗那也是一个艺术家活动频繁的地方，主要由安东尼·塔皮埃斯（Antoni Tàpies）等人主导。他在艺术生涯早期（从20世纪40年代中期起）似乎非常热衷于自画像，但也试着用木材以及大米等各种材料去创作拼贴画。

最佳20世纪艺术和设计展览

毕加索博物馆 带你走进立体主义时期之前的毕加索作品。（见86页）

米罗基金会美术馆 胡安·米罗从其风格形成期开始到后期的代表作品集。（见150页）

安东尼·塔皮埃斯基金会美术馆 塔皮埃斯的精选作品与当代艺术展览。（见127页）

加泰罗尼亚国家艺术博物馆 巴塞罗那首席艺术博物馆上层的现代加泰罗尼亚艺术。（见146页）

巴塞罗那现代艺术博物馆 轮流展出国内外无与伦比的当代艺术作品。（见上图；见79页）

高迪设计的灯柱，皇家广场（见55页）

索纽尔基金会 最包罗万象的摄影、雕塑和油画作品（有的出自毕加索之手）私人收藏。（见129页）

巴塞罗那当代文化中心 轮换展出的一流展品，通常主要是摄影作品。（见79页）

卡依夏艺术馆 完美改造的现代主义大楼中丰富多彩的艺术空间。（见156页）

巴塞罗那现代主义博物馆 现代主义者（包括高迪）将他们的重心放到了家居装饰领域。（见128页）

最佳街头艺术

Homenatge a la Barceloneta 丽贝卡·霍恩（Rebecca Horn）向小巴塞罗那的前奥运海滨文化致敬。（见112页）

Mosaïc de Miró 巴塞罗那艺术偶像的作品装点着兰布拉大道的人行道。（见54页）

高迪设计的灯柱 高迪在哥特区皇家广场最早期的代表作品之一。（见171页）

值得一游

被当地人戏称为订书机（la grapadora）、作风相当野兽派的**巴塞罗那设计艺术博物馆**（Museu del Disseny de Barcelona; ☎93 256 68 00; www.museudeldisseny.cat; Plaça de les Glòries Catalanes 37; 长期展览/短期展览€6/4.40，联票€8; ⏰周二至周日 10:00~20:00; Ⓜ Glòries）拥有涉及时尚、陶瓷器、纺织品、平面艺术和工业设计等各领域一系列引人入胜的展览品。

巴塞罗那最佳
公园和海滩

巴塞罗那老城区错综复杂的道路时常勾起人的幽闭恐惧症。不过一旦你往前再走走，巴塞罗那宽广明亮的一面就向你敞开了——公园、花园和连绵的沙滩给这座城市增添了显而易见的地中海气息。当地人最喜欢的莫过于沉浸在这一片开阔宽广的地带之中。

风景秀丽的公园和花园

围绕着巴塞罗那中心地带及其东、西和北三面各个相互交错的公园和花园，是当地人最喜欢去的一些热门地点——这里远离了拥挤的车流和人山人海的游客，是非常适合野餐和散步的地方。城堡公园和古埃尔公园大概是最有名的绿色公园了，而巍峨雄伟、能从西面俯视巴塞罗那的蒙特惠奇山，也为那些想要逃离城市喧嚣的人提供了最为多样化的选择。

海滩文化

巴塞罗那与大海的恋情始于1992年，城市的发展和奥运会的到来将这里的海滨改头换面成了一条精致的长廊。值得庆幸的是，并非所有的地方都被改变了，小巴塞罗那还保留着巴塞罗那过去的一些原始风貌。这是一个拥有地中海特有的一流海鲜和惬意环境的街区，还有总是近在咫尺的海滩。是的，海岸边还有更多漂亮的海滩，但巴塞罗那改造城市海滩只为一个简单的理由：人们喜欢去城市步行（或地铁）范围里最近的地方。

MARK MAWSON/ROBERTHARDING/GETTY IMAGES ©

☑ 独家贴士

- 从圣卡特利纳市场（见96页）一路前往城堡公园可以买到野餐所需的东西。
- 同样，博盖里亚市场（见74页）通往蒙特惠奇山花园的路上也可以买到这些东西。
- 古埃尔公园内饮食选择非常少，所以要带上自己的食物。

诺瓦伊卡里尔海滩

最佳公园和花园

古埃尔公园 所有人都喜爱的公共公园，夸张滑稽的高迪设计和秀丽如画的园林艺术之地在此相遇。（见142页）

城堡公园 议会、动物园、公共艺术和葱茏草木的所在。（见96页）

莫森·辛多维达·格尔花园 种满了球茎植物与荷花，是一个起伏平缓的蒙特惠奇山花园。（见158页）

植物园 超过4万种植物以一个粗略定义的地中海主题在此展出。（见158页）

莫森·考斯塔·约贝拉花园 热带和沙漠植物的异域风情之地。（见158页）

米拉多花园 城堡下坐拥美景的小吃酒吧集中地。（见158页）

最佳海滩

诺瓦伊卡里尔海滩 大概是巴塞罗那最美的城市海滩，就位于奥林匹克港之外。（见107页）

小巴塞罗那海滩 拥有无尽沙滩的地方，比其他地方更像本地人的海滩。（见107页）

圣塞巴斯提亚海滩 小巴塞罗那与大海在此相遇，适合举家游玩。（见107页）

值得一游

向奥林匹克港东北方延展的5个**海滩**（以**诺瓦伊卡里尔海滩**为起点，接着是**Platja de Bogatell**）拥有更柔软的沙滩和更清澈的海水。这些海滩中都至少有一个露天酒吧（chiringuito）——通常营业至次日1:00（4月下旬至10月）的小吃与饮料酒吧。

巴塞罗那最佳
运动和活动

巴塞罗那的晴空下，地中海的海滨以及适合漫步、可以俯瞰城市的丘陵公园是去户外稍微活动一下的最佳选择。在博物馆之间奔波和西班牙小吃酒吧狂欢后，巴塞罗那有缓解疲劳的良药——可以在巴塞罗那足球俱乐部的赛场上跑步、游泳、骑车或是简单地打几个空拳。

RICHARD CUMMINS/GETTY IMAGES ©

跑步和骑车

巴塞罗那绵延动人、风光如画的海岸是一个适合慢跑或骑车的地方，这里有一条与交通道和人行道分离的自行车道。景致优美的蒙特惠奇山是另一个运动的好地方。清晨时分，在人群（和高温）到来之前是最适合前往的时间。

游泳和冲浪

如果你喜欢在海边游泳，那就要去诺瓦伊卡里尔海滩北面的海滩，那里会比港口附近的海滩干净许多。巴塞罗那还有一些很棒的泳道可选择，包括几个小巴塞罗那附近的滨海体育中心。你还可以下海冲浪（最好是在10月至次年4月）或体验全年开放的直立板划水，海边有出租器械和潜水衣的地方。

水疗和放松

在水疗会所度过一天，是几日舟车劳顿后养精蓄锐的极好方式，或者也可以在城镇里过几夜。最好的水疗都配备了烛光套房、豪华浴池以及蒸汽浴室。大多数高端酒店都能享受水疗，尽管更有吸引力的选择分布在城镇的周边。

巴塞罗那足球俱乐部 在此观看梅西和队友在比赛现场征服世界。（见165页）

Piscines Bernat Picornell 在巴塞罗那的奥运官方泳池中畅游。（见157页）

奥林匹克港 沿着海边走到前奥林匹克港，如今是一个游艇码头。（见上图；见107页）

莫洛凯直立板划水中心 去小巴塞罗那附近体验一次直立板划水冒险吧。（见111页）

巴塞罗那爱尔德温泉会馆 博恩区中环境颇具古韵的Banys Àrabs风格的特色水疗，很漂亮。（见102页）

巴塞罗那最佳 景观

巴塞罗那位于山海之间，无论是在陆地或是登上缆车从高处眺望，都可以欣赏到绝佳的景观。站在蒙特惠奇山和古埃尔公园上都能够俯瞰这座美丽的地中海城市，当然也有一些一流却鲜为人知的观景处。城市北面的最高峰Tibidabo（海拔512米）坐拥最清晰开阔的绝佳视野，将巴塞罗那及其延伸至海边的美景尽收眼底。同时，沿着兰布拉大道，在小巴塞罗那的户外餐厅中，或穿越老城区的广场时，你还能看到这座城市其他值得一看的动态景观。

最佳高空景观

港口缆车 欣赏城市上空与沿海岸边的绚丽景致。（见156页）

神圣家族教堂的塔楼 巴塞罗那最著名的未完成作品中的一个全新视野。（见139页）

古埃尔公园 在公园西南角的Turó del Calvari饱览城市景观。（见142页）

哥伦布纪念碑 这座纪念碑俯瞰着兰布拉大道、老城区和海滨。（见右上图；见55页）

蒙特惠奇山城堡 从蒙特惠奇山上的树梢延伸至城市远处的佳景。（见156页）

最佳巴塞罗那代表性景观

兰布拉大道的公园长椅 观察来自世界各地川流不息的纷繁人群。（见52页）

采石场的屋顶 以庄严的格拉西亚大道为背景、充满幻想气息的烟囱。（见119页）

博盖里亚市场 从情色博物馆可以看到市场中最棒的景色。（见74页）

LENA_SERDITOVA/GETTY IMAGES ©

最佳餐饮景观

La Caseta del Migdia 蒙特惠奇山丛林掩映中的人气户外餐厅。（见161页）

La Vinya del Senyor 夜色中手执美酒，驻足于灯火辉煌的海之圣母玛利亚教堂之下。（见101页）

Barraca 凝望着幽蓝的地中海，享用最上好的海鲜。（见114页）

巴塞罗那最佳 博物馆

巴塞罗那在艺术和建筑方面继承了相当丰富的遗产，几乎没有哪个城市和它一样拥有如此多的世界级博物馆。如同经常在西班牙看到的那样，博物馆和画廊之间的区别被耐人寻味地模糊了。在这一部分，我们重点介绍了一些能体验加泰罗尼亚历史及更宽领域的传统博物馆，在徘徊踱步间引领你进入艺术的世界。

RICHARD CUMMINS/GETTY IMAGES ©

历史博物馆

你要花费好几周的时间才能将巴塞罗那的博物馆从头至尾游览完。在旅程的最后，如果你已经一一参观过这些博物馆，那你一定经历了一次精彩纷呈、贯穿巴塞罗那历史和加泰罗尼亚更广大地区的冒险。不同层次的历史文明沉积于此、层层交叠，包括犹太文明和罗马文明，众多引人入胜的传说会给你在这座城市的体验增添深度和情境。作为一个相当出色的港口城市，这里的故事远不只这些，巴塞罗那的航海往事包含了从西班牙前殖民地到世界文化民族的一切，从足球到陶艺再到内战时期的防空洞，没有什么是巴塞罗那的博物馆不能带你体验的。

艺术历史

艺术涵盖了巴塞罗那生活的许多方面，而城市里的博物馆沉静地记载着这些故事。艺术的主要内容包罗万象，包括现代建筑和安东尼·高迪常用的一些主题。但巴塞罗那的博物馆优势在于，它们保存着关于罗马风格艺术和建筑方面、丰富得不可思议的加泰罗尼亚历史。

最佳历史探索旅程

巴塞罗那历史博物馆 丰富的罗马遗址和哥特式建筑。（见62页）

加泰罗尼亚历史博物馆 谱写得酣畅淋漓的加泰罗尼亚历史颂歌。（见110页）

海事博物馆 在哥特式旧船坞中看到巴塞罗那作为地中海港口城市的身影。（见110页）

诺坎普体验 了解更多关于夜店的历史，包括发生暗杀和绑架事件的黑暗时期。（见164页）

人类学博物馆 探究加泰罗尼亚的传统与仪式。（见158页）

DIEGO LEZAMA/GETTY IMAGES ©

CosmoCaixa

巴塞罗那历史博物馆防空洞307 在这个引起共鸣的防空洞中重访战争时期的巴塞罗那。(见158页)

佩德拉尔维斯修道院博物馆 一窥修道院生活与哥特式绝美回廊的窗口。(见167页)

情色博物馆 研究从古至今不务正业的人都醉心其中的事情。(见54页)

最佳艺术历史博物馆

加泰罗尼亚国家艺术博物馆 令人叹为观止的罗马艺术和一众超群绝伦的加泰罗尼亚艺术家。(见146页)

弗雷德里克·马雷什博物馆 西班牙雕塑无与伦比的储藏室，还有装点着繁星的罗马式建筑。(见左上图；见62页)

高迪博物馆 步入高迪的思想中，还有放置图样和按比例缩放的模型的车间。(见139页)

高迪故居博物馆 高迪在古埃尔公园曾经的住所。(见143页)

奥林匹克和体育博物馆 奥林匹克历史的有趣探索。(见158页)

值得一游

CosmoCaixa

(Museu de la Ciència; ☎93 212 60 50; www.fundacio.lacaixa.es; Carrer de Isaac Newton 26; 成人/儿童€4/免费; 周二至周日 10:00~20:00; 60; FGC Avinguda Tibidabo) 有让小孩子(还有很多大人)无法抗拒的互动式展览和实验。这是一个宽敞明亮、趣味十足的科学博物馆，位于Tibidabo山脚下的一幢现代主义大楼内。开动脑筋思考一下化石、物理知识和亚马孙的热带雨林吧。

巴塞罗那最佳
儿童旅行体验

小至卖弄技艺的兰布拉大道街头表演者，大至这里的艺术和建筑物，仿佛都来自孩童的想象一般，而巴塞罗那街道上大型的影院更是让孩子们乐不思蜀的地方。这里还附带了各种各样的儿童游乐场所（包括海滩、泳池和公园），就像是专门为家庭度假打造的城市一般。

关爱儿童的文化

巴塞罗那的一大特色在于这里能让儿童参与很多成人才能参加的活动。在夏季的晚间出去觅食或小酌一杯啤酒并不一定意味着要把孩子托管给别人。本地人常常带着他们的孩子出去，从蹒跚学步的儿童到已经是祖父母的老人家，经常可以看到各个年龄层的人直至深夜仍在享受着城市带来的欢乐。可以从www.kidsinbarcelona.com了解到巴塞罗那都有哪些适合孩子们去的地方，网站上适合儿童游玩地点的榜单会定期更新。

实际情况

巴塞罗那多数中高档的酒店都有照看孩子的服务。很多酒店会用**5 Serveis**（☎93 412 56 76；www.5serveis.com；Carrer de Pelai 50；Ⓜ Catalunya），你也可以直接联系他们。这里有会说不同语言的保姆（canguros），价格至少是每小时€10，另加保姆乘坐出租车回家的费用。如果你能让孩子同床的话，就不需要酒店提供额外设施了，加床的话通常（尽管不是一定）会加收€20~30的费用。

SEMISATCH/SHUTTERSTOCK ©

☑ 独家贴士

- 让你孩子的生物钟调整至巴塞罗那的时间（比如深夜），否则他们会错过大半值得欣赏的事物。
- 向当地旅游局寻问距离最近的儿童游乐场。

最佳景点

水族馆 巴塞罗那最好的水族馆之一，拥有一条鲨鱼隧道和1.1万条鱼。（见110页）

海滩 步行距离之内的广阔沙滩和温和水域。

西班牙民俗村 一定会让孩子们感兴趣的小型村庄。（见156页）

CROMARY/SHUTTERSTOCK ©

尽情享受巴塞罗那景色

港口缆车 如同露天游乐场般让人兴奋的缆车。（见156页）

城堡公园 巴塞罗那中心区最大的公园，拥有广阔的游乐空间。（见96页）

巴塞罗那奥林匹克公园 与奥运大人物们畅游于同一片池水中。（见157页）

诺坎普体育场 球迷儿童难以忘怀的经历。（见164页）

最佳博物馆

蜡像馆 体验童话森林和时间旅行的蜡像博物馆。（见55页）

海事博物馆 有模型船、筏子，还有关于海洋的荒诞传说。（见110页）

蒙特惠奇山城堡 巡视这座城市的护城墙。（见156页）

奥林匹克和体育博物馆 热爱运动的孩子定会喜欢这里。（见158页）

最佳灵感源泉

古埃尔公园 闪耀着不同色彩的动物和《糖果屋故事》中的门房。（见142页）

巴特洛公寓 专为儿童打造的建筑。（见左上图；见120页）

神圣家族教堂 仿佛从中世纪传说中走出的城堡建筑。（见136页）

米罗基金会美术馆 最能引起孩子共鸣的纯真图案和鲜艳色彩。（见150页）

值得一游

想乘坐摩天轮的话，可以前往**游乐公园**（Parc d' Atraccions；☎93 211 79 42；www.tibidabo.cat；Plaça de Tibidabo 3-4；成人/儿童€30/11；⊙1月和2月不开放；🚌T2A，从Plaça de Catalunya发车），它是一座位于Tibidabo山顶的老式游乐场。赶紧来这里体验乐趣吧，但出发前记得登录网站查看开放时间。

巴塞罗那最佳 团队游

团队游不是享受巴塞罗那所必需的，但有几个团队游能够引领你深入了解这座城市，或是让你关注到一个你无法独自触及或理解的巴塞罗那生活的重要方面。自助导览游是深入发掘某些妙趣横生之地的另一个方式，比如Ruta del Modernisme。

LITTLEAOM/SHUTTERSTOCK ©

Barcelona Walking Tours（☎93 285 38 34；www.barcelonaturisme.com；Plaça de Catalunya 17；Ⓜ Catalunya）提供17个以哥特区、毕加索的巴塞罗那和城市饮食文化为主题的步行游览团。

Bike Tours Barcelona（☎93 268 21 05；www.biketoursbarcelona.com；Carrer de l' Esparteria 3；团队游€22；⏲10:00~19:00；Ⓜ Jaume I）提供3小时游览哥特区、海滨沿岸、神圣家族教堂和其他高迪地标性建筑的旅行团。可以直接在Plaça de Sant Jaume处的旅游局参团，也可以上网查找出发时间。

Las Golondrinas（☎93 442 31 06；www.lasgolondrinas.com；Moll de las Drassanes；40分钟团队游 成人/儿童€7.40/2.80；Ⓜ Drassanes）参与一个1.5小时的游览，在海滨附近、海滩至城市东北端沿岸观光，从海上欣赏这座城市。也有更短的行程可以选择。

GoCar（☎93 269 17 92；www.gocartours.com；Passeig de Pujades 7；团队游，两人起，1/2.5/8小时每人€19/39/59；⏲11月至次年3月 10:00~16:00，4月至10月 10:00~18:00；Ⓜ Arc de Triomf）坐着带有景点解说和GPS导航的两座三轮摩托汽车环游这座城市。

My Favourite Things（☎637 265405；www.myft.net；团队游€26起）提供人数不超过10人的多种主题旅行团：包括从设计到饮食等各个方面。还有弗拉明戈和萨尔萨舞蹈课程，以及巴塞罗那城内外自行车骑行。

Bus Turístic（☎93 298 70 00；www.barcelonabusturistic.cat/en；日票 成人/儿童€28/16；⏲9:00~20:00）这种招手即停的游览车基本涵盖了城市中所有的主要景点。语音导览（含10种语言）提供了3条不同线路、共44个站点的现场解说。完成两条主要游览线路的行程需要大约2小时。

Ruta del Modernisme 想要自行游览115座现代主义大楼的话，可以在Plaça de Catalunya处的旅游局总部购买本*Ruta del Modernisme*和地图（€12）。（见126页方框）

巴塞罗那最佳
免费体验

巴塞罗那有太多的博物馆，即便只参观其中的一小部分也像在做大型金融投资一般困难。买一组套票能节省许多费用，并且有些巴塞罗那的热门景点也是不收费的，其他的地方也有一些免费时段。

免费的日子

多数政府经营的博物馆会在每个月第一个周日免费开放。其余的周日里，大多数博物馆15:00~20:00是不收费的。当然，前往一些类似市场、花园和海滩等景点是不需要付费的。

散步

这些地方理论上说不是免费的，但很多旅行社会提供一些“随意付款”的步行团。它们多数包含哥特区或扩建区的现代主义区。推荐几家运营商，分别是Runner Bean Tours、Feel Free Tours和Travel Bound。可以登录网站查询集合地点和出发时间。

最佳免费景点

巴塞罗那奥林匹克公园 经历难忘的奥林匹克瞬间。（见157页）

奥古斯特罗马寺庙 位于巴塞罗那中心巍峨的罗马荣耀遗迹。（见62页）

圣克鲁老医院 漫步走入宽敞的哥特式阅读室。（见79页）

最佳顶级博物馆免费日

加泰罗尼亚国家艺术博物馆 每周六的15:00~20:00和每月第一个周日免费开放。（见146页）

毕加索博物馆 每周日15:00~19:00和每月第一个周日全天免费开放。（见86页）

LONELY PLANET/GETTY IMAGES ©

巴塞罗那历史博物馆 每周日15:00~20:00和每月第一个周日全天免费开放。（见62页）

加泰罗尼亚历史博物馆 10月至次年6月每月最后一个周二免费开放。（见110页）

卡依夏艺术馆 每月第一个周日免费开放。（见上图；见156页）

大教堂 每日8:00~12:45以及17:15~20:00免费开放。（见56页）

巴塞罗那最佳
酒吧

巴塞罗那是一个属于夜生活爱好者的城市，这里有很多充满诱惑的烛光葡萄酒吧、老式小旅馆和时尚休息室，在这些地方，各种各样的庆典狂欢会一直持续到深夜时分。而每处的氛围又迥然不同，中世纪区挂满壁画的幽暗院室、摆满古董的改造店铺，以及灯红酒绿的现代主义区都是城市写照的其中一部分。

酒吧街区

巴塞罗那每条街道转角处都会有酒吧，并且每个街区都会有它们本地的酒馆。而酒吧等饮酒场所最集中的地方是在哥特区、拉巴尔区、海岸区（特别是博恩区）和扩建区。

葡萄酒与Cava酒吧

越来越多散落在城市各处的葡萄酒吧展示了一众来自西班牙和其他地方的上好出品。这些藤架环绕的酒吧提供任君挑选的杯装葡萄酒，特别是几种主要的新制酿造。品尝小吃是红酒体验的一个重要部分，共享菜式、盘装芝士、熟食以及各种西班牙小吃这里都能尝到。

露天酒吧

夏日炎炎时，露天酒吧（被人们亲切称为chiringuitos）会在海滨沿岸开放，从小巴塞罗那一直到Platja de la Nova Mar Bella。在这里你可以驻足在沙滩上，品尝小吃并喝一杯桑格利亚汽酒（见上图）或鲜榨果汁的同时，欣赏这座在地中海映衬下的活力城市。

PHOTOSMATIC/SHUTTERSTOCK ©

最佳历史酒吧

Casa Almirall 巴塞罗那最古老的全天候开放酒吧，充满了非常到位的历史细节。（见82页）

Bar Marsella 他们在拉巴尔区这家砂石建筑的19世纪酒吧中已历尽沧桑。（见77页）

La Confitería 在拉巴尔区世纪末的建筑中，倒上一杯上好的自制苦艾酒。（见81页）

Les Gens Que J' Aime 扩建区20世纪60年代充满浪漫气息的遗址，布置着烛光与红天鹅绒沙发。（见134页）

最佳本地酒吧

Vaso de Oro 小巴塞罗那旧时的模样。（见107页）

博恩区的本地酒吧

Rubí 深藏于博恩区狭窄小巷中的美味特饮。（见101页）

最佳鸡尾酒吧

Dry Martini 扩建区中西装革履的侍应生和无与伦比的马丁尼。（见133页）

Juanra Falces 身着白衣的侍应生为你呈上特别调制的饮料。（见102页）

最佳风格酒吧

Ocaña 俊俏地伫立于皇家广场，内部空间也设计得相当精美。（见67页）

Sor Rita 加入这个异想天开的世界，与欢乐的人群一同狂欢。（见67页）

最佳葡萄酒吧

Monvínic 提供超过3000种葡萄酒，绝不会让你缺少选择。（见123页）

La Vinya del Senyor 优美的内部环境与超过350种的葡萄酒。（见101页）

最佳Cava酒吧

El Xampanyet 没有哪家店的西班牙小吃与cava组合能比这家20世纪30年代位于博恩区的酒吧更出色。（见92页）

Can Paixano 在小巴塞罗那cava酒吧中享受非凡的热闹。（见106页）

最佳音乐吧

Bar Pastís 从法式卡巴莱歌舞到探戈舞曲等各种音乐，回荡在三尺见方的酒吧中。（见82页）

最佳波希米亚消遣处

Gran Bodega Saltó 迷幻的装饰风格，现场音乐表演，还有来自五湖四海的人们。（见153页）

Absenta 以苦艾酒为主题的酒吧，摆放了各种奇形怪状的雕塑作品。（见114页）

Gipsy Lou Plaça de George Orwell上常年载歌载舞的地方。（见83页）

Tinta Roja 拉巴尔区拥有别样氛围的饮酒去处，时常有现场音乐表演和其他活动。（见153页）

El Rouge 以离奇表演著称的妓院酒吧。（见153页）

巴塞罗那最佳 咖啡馆

古色古香的咖啡馆使巴塞罗那变得与众不同。打着领结的侍应生和复古的内部装饰都是一丝不苟的。很多咖啡馆都已经被游客们占据了，但你还是有可能在店里看到有两位仿佛对弈了几十年的人，或者是一位手执干邑白兰地、静看世界变迁的嶙峋老人。

最佳传统

现代主义者和其他建筑风格的艺术家不只追求异乎寻常的外观：常常可以看到，这里的建筑师花费了大量精力去布置城市建筑的内部环境。任何一间巴塞罗那的咖啡馆都会有这样精美的布景，但这座城市在重新定义未来时却显得很固执，这些咖啡馆里的气氛——主要体现在顾客和装饰风格上——会提醒我们它同时也是一个极度传统的城市。这里盛行用比较传统的方式做事——在上午喝一杯咖啡或其他提神饮品，然后花费一大段时间与友人一同解决这个世界上的各种问题。而这就是巴塞罗那咖啡馆存在的意义：这里从很早开始就是人们碰面的地方，同时也是社交生活的中心。

与时俱进

如今的巴塞罗那，焕然一新的咖啡馆也备受当地人的喜爱。在这里你可以置身于当代的艺术作品中，伴着大厅响起的配乐和其他放松身心的音乐更新你的朋友圈。这里的侍应生都很年轻和友好，而且也可能在咖啡中邂逅鸡尾酒。

DIEGO LEZAMA/GETTY IMAGES ©

☑ 独家贴士

- 甜食爱好者们可以前往牛奶酒吧（granja）品尝那里的特色——热浓巧克力。哥特区内咖啡馆林立的Carrer de Petritxol以其选择多样的巧克力闻名。
- café con leche是一种白咖啡，café solo是一种特浓咖啡，cortado是一种加了少量牛奶的特浓咖啡。

巧克力可丽饼

最佳历史咖啡馆

Cafè de l' Òpera 这个庞然大物位于兰布拉大道，建筑风格古朴，自1929年至今风貌依然。（见53页）

Mauri 1929年开业的另一家咖啡馆，拥有一幅富丽辉煌的壁画，为扩建区的高端客户服务。（见123页）

Salterio 位于前犹太区内，这里的烛火和古老的石头墙营造了令人迷醉的氛围。（见68页）

Caelum 在中世纪的地下室大堂内尽情地享受纷繁的诱惑。（见68页）

最佳本地咖啡馆

La Nena 融合了格拉西亚嬉皮士年轻家庭特色的热巧克力、可丽饼和各种甜点。（见141页）

Cosmo 典型的现代艺术咖啡馆——个性、清凉爽口，并提供创意咖啡和茶类。（见123页）

Bar Kasparo 适合闲庭漫步的地方，可以在安详宁静的环境中俯瞰郁郁葱葱的广场。（见76页）

Federal 澳大利亚人经营的咖啡馆和餐厅，带有惬意怡人的屋顶露台。（见153页）

最佳巧克力饮品

Granja M Viader 西班牙最受欢迎的巧克力饮品就是在这家20世纪的名店中调制而成的。（见77页）

Granja La Pallaresa 位于哥特区，巴塞罗那咖啡和热巧克力最好喝的明星店铺。（见59页）

Foix de Sarrià 一家位于萨里亚的20世纪糕饼店，拥有让人沉沦的巧克力制品和各式热饮。（见168页）

Cacao Sampaka 位于扩建区的标志性店铺，巧克力迷们会在此兴奋得双膝发软。（见123页）

巴塞罗那最佳 夜店

巴塞罗那作为“派对城市”真是名不虚传，尽管多数比较好的地方都在市中心北面的高档郊区La Zona Alta里。如果你去不了那么远，市中心附近也有别的选择。迷宫般的老城区附近潜藏了各种令人惊喜的地方，从豪华的旧舞厅到蹩脚的地下室全都囊括在内。而海滨沿岸又是另一番景象：这里有正在奥林匹克港热火朝天地参观游艇的人群，也有游客和一些本地人在海岸边喧闹、拥挤的舞吧玩乐。

最佳夜店

La Terrrazza 蒙特惠奇山夏日限定户外场所，里面都是顶级的DJ和巴塞罗那的高颜值人群。（见161页）

Moog 高科技舞曲、电子音乐、复古流行乐和大牌DJ们造就了一个人山人海的拉巴尔区舞池。（见83页）

Marula Café 年轻群体在哥特区最好的选择。（见68页）

Antilla BCN 飘扬着萨尔萨舞曲和迷人古巴乐曲的巴塞罗那高端夜店。（见133页）

Ocaña 周末的楼下大厅会有优秀的DJ到场。（见67页）

最佳现场演出夜店

Jamboree 位于皇家广场，有DJ播放嘻哈和放克音乐。（见69页）

Sala Apolo 这里有浩室音乐、高科技舞曲等音乐与放纵不羁的人群。（见153页）

CHRISTIAN BERTRAND/SHUTTERSTOCK ©

☑ 独家贴士

- 夜店在周四至周六通常会从午夜营业至次日6:00，2:00之前会比较无趣。
- 服务费€0~20。入场费通常包含了你第一杯饮品的价格。
- 穿戴得体门口壮硕的保镖才会让你进场。如果你们是一大群人的话，最好分成小组。
- 在Barcelona Rocks（www.barcelonarocks.com）、Clubbing Spain（www.clubbingspain.com）和Guía del Ocio（www.guiadelocio.com）浏览最新资讯。

巴塞罗那最佳现场艺术演出

巴塞罗那对多数音乐家来说是欧洲旅行中重要的一站。在这里你还会见识到将弗拉明戈和伦巴舞曲与说唱、雷鬼乐和电子乐融合在一起的具有天赋的本地音乐家。但即便是在每周一次的爵士乐中掺杂着一些摇滚、弗拉明戈和蓝调，也足以让当地人心情愉悦。

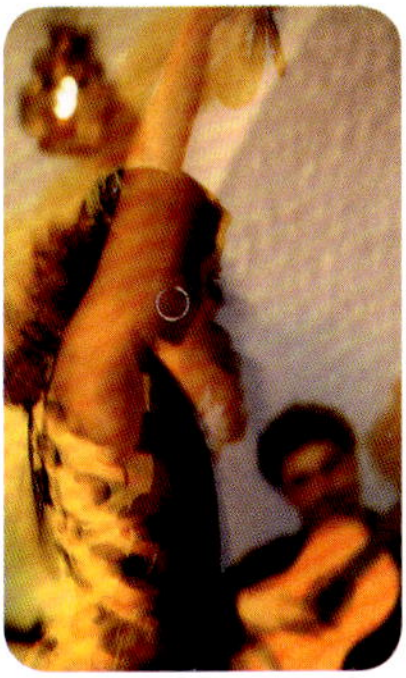

BARBARA VAN ZANTEN/GETTY IMAGES ©

最佳现场爵士和其他音乐

哈莱姆爵士乐俱乐部 巴塞罗那最有名的爵士舞台，就在附近的哥特区内。（见70页）

Jamboree 皇家广场上不错的爵士乐会场，吸引着各种音乐人才。（见69页）

Jazz Sí Club 一系列电子音乐现场表演，包括弗拉明戈、古巴爵士、摇滚和蓝调。（见77页）

Sala Apolo 与众不同的摇滚表演、世界音乐和DJ的另类组合。（见153页）

采石场 在高迪杰出作品的屋顶举行的夏日音乐会。（见173页）

Plaça Nova 周六18:00和周日11:00在大教堂前的Sardana（加泰罗尼亚民俗舞蹈）。（见59页）

蒙特惠奇山 6月至9月的每个周日，在蒙特惠奇山上的一片户外空间中享受一整天的电子音乐（www.piknicelectronik.es）。

最佳高雅文化

加泰罗尼亚音乐宫 现代主义的大型音乐厅，上演着从经典音乐到西班牙吉他的各种表演。（见102页）

利塞欧大剧院 世界级的歌剧院，拥有奢华的环境与优良的音效效果。（见54页）

巴塞罗那最佳 LGBT场所

从随处可见的同性情侣的恋爱场景可知，这是南欧最不歧视同性恋的城市。大多数同性恋活动集中于“Gaixample”，即扩建区与Gran Via de les Corts Catalanes、Carrer de Balmes、Carrer del Consell de Cent和Carrer de Casanova交界处的五六个街区。

最佳酒吧

La Chapelle（☎93 453 30 76；Carrer de Muntaner 67；⏰周日至周四 16:00至次日2:00，周五和周六 至次日2:30；M Universitat）拥有冲击性宗教装饰风格的休闲聚会场所，欢迎顾客的到来。

Aire（Sala Diana；☎93 487 83 42；www.grupoarena.com；Carrer de la Diputació 233；⏰周四至周日 23:00至次日2:30；M Passeig de Gràcia）这里有宽敞开阔的舞池，深受女同性恋者欢迎。

Átame（☎93 421 41 33；Carrer del Consell de Cent 257；⏰21:00至次日2:30；M Universitat）来得早的话喝几杯饮料闲谈一会儿，留至夜晚等气氛热闹起来。

Museum（Carrer de Sepúlveda 178；⏰周二至周六 23:00至次日3:00；M Universitat）来这家“影片酒吧”体验各种自娱的乐趣。

Punto BCN（☎93 451 91 52；www.grupoarena.

INGRID PRATS/SHUTTERSTOCK ©

☑ 独家贴士

- 位于小巴塞罗那北面，Platja de la Mar Bella的最南端，从下午开始那里就会成为男同性恋裸体主义者的聚集地。
- 多数夜店只在周四至周六的夜晚开放。
- 可从60by80（www.60by80.com）和Gay Barcelona（www.gaybarcelona.com）寻找活动信息。

巴塞罗那街头的彩虹伞

com; Carrer de Muntaner 63-65; ⏰周日至周四 18:00至次日2:30，周五和周六至次日3:00; Ⓜ Universitat）时代感与宗教感完美融合的双层酒吧。

Bacon Bear（Carrer de Casanova 64; ⏰周一至周四 18:00至次日2:30，周五和周六 18:00至次日3:00; Ⓜ Urgell）魁梧壮硕的人们和他们的倾慕者。

最佳夜店

Arena Madre（☎93 487 83 42; www.grupoarena.com; Carrer de Balmes 32; ⏰00:30~5:00; Ⓜ Passeig de Gràcia）城里顶级的夜店之一，男男之间寻觅对象的好去处。

Metro（☎93 323 52 27; www.metrodiscobcn.com; Carrer de Sepúlveda 185; 2:00前€6起，2:00后€20起; ⏰00:15~5:30; Ⓜ Universitat）由顶尖DJ带领着两个舞池的人尽情摇摆，或进行其他的娱乐活动。

Pervert Club（Avinguda Francesc Ferrer i Guàrdia 13; ⏰周六 午夜至次日6:00; Ⓜ Espanya）在周六夜晚举行的名为"The One in Poble Espanyol"的派对上尽享欢乐。

巴塞罗那
当地生活

带你体验原汁原味的巴塞罗那

如果想要深入了解巴塞罗那，而非走马观花，可以参考当地人的日常生活——提供各种佳酿的西班牙小吃酒吧和跳蚤市场、加泰罗尼亚传统舞蹈和数十年不曾变迁的当地酒肆。

哥特区的周日

（见58页）

- 当地市场
- 传统舞蹈

市内人流最密集的地带，当地人会在周日来“收复”他们的领地。加入弥撒人群，来到高迪曾经被捕的那个14世纪教堂，然后游览“返璞归真”的贸易市场，参观加泰罗尼亚权力象征的标志，并探索历久弥新的当地食肆。

拉巴尔区畅游

（见76页）

- 坚守传统
- 富有活力的街道

拉巴尔区是巴塞罗那最为丰富多彩的区域，过去数个世纪都保持着港口城市的风貌，时髦与声名狼藉并存。从典雅精致到不拘一格，拉巴尔区的旅途涵盖了不同文化和反主流文化内容，以及沿途的加泰罗尼亚经典。

博恩区西班牙小吃和泡酒吧（见92页）

- 西班牙小吃酒吧
- 夜生活

巴塞罗那当地人的生活离不开吃。博恩区（El Born）靠近海岸区（La Ribera）南端，其内中世纪街道纵横交错，是市内最佳（也最美）的享受西班牙小吃和饮品的地点之一。

小巴塞罗那的海滩和海鲜（见106页）

- 海鲜餐馆
- 海滩

酒吧生意兴隆，海鲜餐馆主要采用老式烹饪方式，原先的渔民区小巴塞罗那（Barceloneta）恪守着传统。但是巴塞罗那新风貌已经席卷周边海滩和码头。一座城市里有大相径庭的两种景象。

金色广场购物

（见122页）

- 设计师精品店
- 美食店

作为欧洲大型购物街之一，格拉西亚大道（Passeig de Gràcia）汇聚了巴塞罗那顶级的服饰精品店。整个扩建区（L' Eixample）打造出了一种热情洋溢的购物文化氛围，聚集着众多本地品牌，包括设计、家具和一流食品。

小巴塞罗那海滩（Platja de la Barceloneta，见104页）

格拉西亚乡村生活

（见140页）

- 老式广场
- 市场和酒吧

虽然地处闹市，格拉西亚（Gràcia）仿若世外桃源。街巷狭窄、广场安静、邻里关系紧密，感觉就像乡村。在这里你会发现传统和新潮的有机融合，既有老式市场、酒吧和餐馆，又有许多新开的设计师精品店和新颖的西班牙小吃吧。格拉西亚多姿多彩、标新立异——正合当地人要求。

圣安东尼和波布塞克夜生活

（见152页）

- 露台酒吧
- 西班牙小吃

位于若隐若现的蒙特惠奇山脚下，波布塞克（Poble Sec）的步行街巷里遍布西班牙小吃酒吧和新潮酒馆。圣安东尼宽阔的Av del Paral·lel也有很多露天咖啡馆和新颖的西班牙小吃酒吧。

像当地人一样感受巴塞罗那，你还可以去：

哥特区咖啡馆（见68页）

圣克鲁老医院（见79页）

露天酒吧（见114页）

城堡公园（见96页）

Speakeasy（见130页）

加泰罗尼亚电影资料馆（见83页）

Passadís del Pep（见98页）

Carrer de Blai（见160页）

萨里亚广场（见167页）

巴塞罗那爱尔德温泉会馆（见102页）

巴塞罗那
每日行程

第一天

首先前往超凡脱俗的**神圣家族教堂**（La Sagrada Família，见136页），早点到达可避免排队。花上几个小时（或者更久）体会高迪天马行空的建筑构思，接着去往**采石场**（La Pedrera，见118页）和**巴特洛公寓**（Casa Batlló，见120页）。游览出售古玩的**古董市场**（Bulevard dels Antiquaris，见134页），然后前去**Tapas 24**（见129页）享用西班牙小吃午餐。

午餐之后，漫步**兰布拉大道**（La Rambla，见52页），然后进入哥特区（巴塞罗那最古老地区）的狭窄街巷一探究竟。从**皇家广场**（Plaça Reial，见62页）前往**常青树圣母玛利亚教堂**（Església de Santa Maria del Pi，见62页），最后到达**大教堂**（La Catedral，见56页）。或者只是简单地四处观览。

傍晚时分，到**El Xampanyet**（见92页）吃点东西、喝杯cava（一种西班牙起泡酒），再去**Bar del Pla**（见93页）吃点创意西班牙小吃，之后前往经久不衰的**Cal Pep**（见93页）。博恩大道沿途到处都是夜间饮酒作乐的佳地，不过**La Vinya del Senyor**（见101页）的室外就餐区能提供令人沉醉的大教堂景致。

第二天

早起前往**博盖里亚市场**（Mercat de la Boqueria，见74页），穿梭于市场摊位之间，可以驻足**Bar Pinotxo**（见75页）享用早餐。**巴塞罗那现代艺术博物馆**（MACBA，见79页）和**巴塞罗那当代文化中心**（Centre de Cultura Contemporània de Barcelona，见79页）的展览非常值得观赏。中途可到**Granja M Viader**（见77页）品尝热巧克力并在**Flax & Kale**（见80页）享用午餐。

古埃尔宫（Palau Güell，见79页）是午间行程绝佳起点。停留1小时，然后穿过老城区前往**海之圣母玛利亚教堂**（Basílica de Santa Maria del Mar，见90页）静思1小时，接着在**毕加索博物馆**（Museu Picasso，见86页）探索几个小时，这是巴塞罗那最有价值的博物馆之一。

烛光餐厅**La Vinateria del Call**（见63页）位于老城区，非常适合落座品尝加泰罗尼亚美食，随后可以前往气氛不错的**Salterio**（见68页）品茶。或者，提早来到**Belmonte**（见64页）品尝西班牙小吃，然后前往**利塞欧大剧院**（Gran Teatre del Liceu，见54页）欣赏激动人心的现场表演。之后，去往皇家广场热闹非凡的**Ocaña**（见67页）小酌一番。

没时间?
我们将巴塞罗那的所有必游看点融入到这些按天规划的行程之中，确保你能在有限的时间内看到这座城市最美的一面。

第三天

清晨前往**兰布拉大道**(La Rambla，见52页)漫步，走到南端接着踏上海上兰布拉大桥(La Rambla del Mar)沿海岸散步。驻足**加泰罗尼亚历史博物馆**(Museu d' Història de Catalunya，见110页)聆听加泰罗尼亚历史，然后进入老渔民区小巴塞罗那，到达另一侧进行海滩徒步。午餐可去**Barraca**(见114页)一边品味海鲜大餐，一边欣赏海滨景色。

为了欣赏巴塞罗那一些非凡景致，搭乘**港口缆车**(Teleférico del Puerto，见156页)前往蒙特惠奇山。这个地区的博物馆、观景点和花园都很不错，但是如果参观**米罗基金会美术馆**(Fundació Joan Miró，见150页)和**加泰罗尼亚国家艺术博物馆**(Museu Nacional d' Art de Catalunya，见146页)各花费几个小时的话，整个下午就会很充实忙碌。

位于蒙特惠奇山脚，**Quimet i Quimet**(见160页)是我们最喜欢的本地西班牙小吃酒吧之一。用餐之后，前往灯红酒绿的**El Rouge**(见153页)喝上一杯，接着漫步去往圣安东尼的**Bar Calders**(见153页)。

第四天

上午可以用来游览两个巴塞罗那标志性地点：其一，古怪奇特、精彩绝伦、宛若游乐场的**古埃尔公园**(Park Güell，见142页)，高迪的出色想象力在此恣意挥洒；其二，**诺坎普体育场**(Camp Nou，见164页)，这是巴塞罗那足球俱乐部的主场。两处都需花费几个小时。然后，前往萨里亚(Sarrià)，到**Vivanda**(见168页)用餐，漫步穿越乡村一般的街巷。

返回老城区参观**加泰罗尼亚音乐宫**(Palau de la Música Catalana，见102页)，花点时间感受**圣卡特利纳市场**(Mercat de Santa Caterina，见96页)的社区市场气息。搭乘前往扩建区(L' Eixample)的格拉西亚大道(Passeig de Gràcia)的地铁，体验一下欧洲最佳**购物**(见122页)氛围。然后，前往**Monvínic**(见123页)品味醇香红酒，放松身心。

巴塞罗那最后一晚应当别出心裁：前往米其林星级餐馆**Cinc Sentits**(见132页)或者高迪设计的**Casa Calvet**(见132页)阔气一回。接着去**Dry Martini**(见133页)品尝一两杯鸡尾酒，然后再次漫步**兰布拉大道**(见52页)，告别这座城市。

行前参考

更多信息，
见177页生存指南。

货币
欧元(€)，€1≈¥7.86

语言
西班牙语、加泰罗尼亚语

签证
中国公民去西班牙旅行需要申根签证。

现金
自动取款机分布广泛。多数酒店、餐馆和商店接受信用卡。

手机
中国移动、中国联通和中国电信都支持开通国际漫游，详情请咨询运营商。相对而言，在西班牙当地购买电话卡更加合算，也很容易买到。

时间
西欧时区（格林尼治标准时间加1小时，夏令时期间加2小时）。比北京时间晚7小时，夏令时期间晚6小时。

插座和转换器
使用两圆脚插座，标准电压220伏。需要使用欧标转换器。

小费
零钱即可（餐馆 每人€1），通常（搭乘出租车）遵循四舍五入原则。

❶ 出发前

每日预算

经济 少于€60

- 宿舍床位 €17~28
- 午餐套餐 €10起
- 自行车出租 每小时 €5

中档 €60~200

- 标准双人间 €80~140
- 两道菜双人晚餐（含酒）€50
- 步行导览游 €15~25

高档 高于€200

- 精品和豪华酒店的双人间 €200或者更高
- 高档餐馆的多道菜餐饭 每人 €80
- 加泰罗尼亚音乐宫音乐会门票 大约€50

网络资源

Miniguide（www.miniguide.es）介绍餐馆、酒吧、近期活动，还有戏剧评论。

Barcelona Metropolitan（www.barcelona-metropolitan.com）提供餐馆开业信息、夜生活评论信息以及城市介绍。

Barcelona Turisme（www.barcelonaturisme.com）巴塞罗那官方旅游网站。

Lonely Planet（www.lonelyplanet.com/barcelona）提供旅游目的地信息、酒店预订服务、游客论坛以及其他服务。

提前计划

3个月以前 预订酒店、高档饭店餐位。

1个月以前 查询戏剧和现场音乐有关评论、预订门票。

1周以前 了解近期夜生活内容、艺术展览以及其他活动。

2 抵达巴塞罗那

游客一般抵达巴塞罗那西南12公里处的普拉特机场（Aeroport del Prat; www.aena.es）。一些航空公司飞往巴塞罗那以北90公里处的希罗纳-科斯塔布拉瓦机场（Aeroport de Girona-Costa Brava; www.girona-airport.net）。中心火车站是Estació de Sants，位于兰布拉大道以西2.5公里处。

从普拉特机场出发

目的地	最佳交通方式
哥特区 拉巴尔区	A1机场巴士（A1 Aerobús）；地铁（3号线）
海岸区 小巴塞罗那	A1机场巴士；地铁（1号线、4号线）
扩建区	R2北方火车（R2 Nord Train）

从希罗纳-科斯塔布拉瓦机场出发

目的地	最佳交通方式
哥特区 拉巴尔区	巴塞罗那巴士；地铁（1号线、3号线）
海岸区	巴塞罗那巴士
小巴塞罗那	巴塞罗那巴士；地铁（1号线、4号线）
扩建区	巴塞罗那巴士；地铁（1号线、3号线）

机场设施

普拉特机场 航站楼1号和2号到达大厅设有自动取款机和旅游信息中心。

希罗纳-科斯塔布拉瓦机场 行李领取处和到达大厅设有自动取款机。

3 当地交通

巴塞罗那拥有一套高效全面的公共交通体系。除了从机场前往市区，地铁（www.tmb.net）就是最佳市内交通方式。对于一些偏远地区，FGC（www.fgc.net）郊区铁路网络发挥着更大作用。方便的是，两种交通方式采用同一票务系统（和市内公交一样），购买包含10次出行的T-10套票（€10.30）要比分次购买车票划算很多。

地铁

8条不同颜色地铁线路纵横交错，覆盖巴塞罗那市区。地铁站围绕老城区（哥特区、拉巴尔区和海岸区）以及小巴塞罗那周边分布。还有一些设在扩建区内。

FGC火车

郊区铁路网络对于佩德拉尔维斯、萨里亚和格拉西亚特别实用。市中心站点包括格拉西亚大道和加泰罗尼亚广场。

索道缆车

索道缆车（地铁的一部分）连接Paral·lel地铁站和蒙特惠奇山上的站点，这些附加站点属于蒙特惠奇山缆车线路（Telefèric de Montjuïc）的一部分，需要单独购票，搭载旅客到达山顶。港口缆车（Teleférico del Puerto）往返巴塞罗那和蒙特惠奇山。

出租车

可以沿街招手搭载出租车，亦可叫车。交通高峰期外，搭乘出租车出入市区比较便捷。

自行车

巴塞罗那拥有超过180公里的自行车道。全城自行车出租点不胜枚举，不过注意，红色“Bicing”自行车仅供当地居民使用。

巴塞罗那
区域速览

值得一游

顶级景点

神圣家族教堂(136页)

古埃尔公园(142页)

值得一游

当地生活

格拉西亚乡村生活(140页)

诺坎普体育场、佩德拉尔维斯和萨里亚(162页)

巴塞罗那足球俱乐部和一座14世纪修道院的所在地，萨里亚是巴萨罗那最美的村庄。

顶级景点

诺坎普体育场和诺坎普体验

蒙特惠奇山、波布塞克和圣安东尼(144页)

蒙特惠奇山是一些博物馆，一座城堡和奥林匹克遗址的所在地。波布塞克和圣安东尼是美食天堂。

顶级景点

加泰罗尼亚国家艺术博物馆

米罗基金会美术馆

格拉西亚大道和扩建区（116页）

探索现代主义珍宝，一流的酒吧和餐厅，以及可与巴黎媲美的购物天堂。

顶级景点

采石场

巴特洛公寓

海岸区和城堡公园（84页）

海岸区有美妙的市场、出色的建筑，以及波恩区——巴塞罗那迷人的典范。

顶级景点

毕加索博物馆

海之圣母玛利亚教堂

小巴塞罗那和海滩（104页）

巴塞罗那拥有古老的渔业历史及崭新的海滩文化。

拉巴尔区（72页）

曾经的港口区，包括一个美妙的市场、众多酒吧与餐厅，还有出色的艺术画廊以及难以置信的高迪的杰作。

顶级景点

博盖里亚市场

兰布拉大道和哥特区（50页）

巴塞罗那的古老区域：包括兰布拉大道、狭窄的中世纪街道和重要的建筑。

顶级景点

兰布拉大道

大教堂

W
W
HOTELS
FCC
COMSA
OHL

探索 巴塞罗那

值得一游

最佳步行游览

了解巴塞罗那

小巴塞罗那海滩（见107页）

探索

兰布拉大道和哥特区

作为全球最为知名的大街之一，兰布拉大道（La Rambla）可谓巴塞罗那的必游之地。哥特区（Barri Gòtic）沿着兰布拉大道东侧蜿蜒分布，其历史可以追溯至罗马时代，区内街巷纵横交错，狭窄但是怡人，还有鲜为人知的广场和特色鲜明的中世纪建筑。历史珍宝无处不在（迷人的咖啡馆、商店和小饭馆更是锦上添花），探索这里让你感觉趣味十足。

一日游行程

尽早出发，沿着**兰布拉大道**（见52页）漫步，然后前往**大教堂**（左图；见56页）。大教堂开放后越早赶到越好。或许早晨还有时间参观**弗雷德里克·马雷什博物馆**（见62页），但这取决于你在大教堂逗留时间的长短，中途可以去露天咖啡馆喝杯咖啡。

中午落座**Cafè de l' Acadèmia**（见64页）享用加泰罗尼亚美食后，去迷宫般的老城区漫步徜徉。市内罗马时代遗迹适合作为徒步游览的主线，参观一下**巴塞罗那历史博物馆**（见62页）、留意一下**奥古斯特罗马寺庙**（Temple Romà d' August，见62页）。无论如何，不要错过**常青树圣母玛利亚教堂**（见62页）。

夜幕降临，**皇家广场**（Plaça Reial，见62页）成为开启夜生活的绝佳地点，尤其是**Ocaña**（见67页）。去**Belmonte**（见64页）或**Pla**（见66页）享用晚餐，然后前往**Jamboree**（见69页）或**利塞欧大剧院**（见69页）观看演出。最后，来到气氛闲适的**Ginger**（见66页）品味定制鸡尾酒、聆听悦耳音乐。

想体验哥特区当地人的一天，见58页。

顶级景点

兰布拉大道（见52页）

大教堂（见56页）

当地生活

哥特区的周日（见58页）

巴塞罗那最佳

加泰罗尼亚美食

Cafè de l' Acadèmia（见64页）

Belmonte（见64页）

La Vinateria del Call（见63页）

酒吧

Ocaña（见67页）

Sor Rita（见67页）

到达和离开

M 地铁 这是最佳选择。Catalunya站（1号线、3号线、6号线和7号线）位于兰布拉大道北端；Liceu站（3号线）位于兰布拉大道中段；Jaume I站（4号线）位于哥特区东部边缘。

M 地铁 Drassanes站（3号线）位于兰布拉大道靠近海滨一侧。

顶级景点
兰布拉大道

所有待在巴塞罗那的人都会前往兰布拉大道（La Rambla）。大道全长只有1.25公里，但是能够见到食摊、花摊、街头艺人、大型公共建筑、一个气味刺鼻的农贸市场、扒手、妓女以及来自五湖四海的游客。巴塞罗那的精彩生活在此得到了淋漓尽致的体现。每天，游人潮水一般涌来，沿路走向地中海岸边，高迪的建筑瑰宝与这一切相映成趣，只需静静伫立便会沉醉。

见60页地图，B5

M Catalunya，Liceu或Drassanes

兰布拉大道行人如织

不要错过

卡纳雷塔斯饮水喷泉

从加泰罗尼亚广场开始，兰布拉大道沿着山地朝东南延伸。第一段就是卡纳雷塔斯街，根据迷人的19世纪铸铁喷泉——卡纳雷塔斯饮水喷泉（La Font de Canaletes）命名。每当巴塞罗那足球俱乐部在比赛中获胜时，狂热的球迷都会蜂拥至此庆祝。

贝特雷姆教堂

继续朝向东南，到达**贝特雷姆教堂**（Església de Betlem；☎93 318 38 23；www.mdbetlem.net；Carrer d' en Xuclà 2；⏲8:30~13:30和18:00~21:00；Ⓜ Liceu）。这座教堂建于18世纪早期，曾是巴塞罗那为数不多的巴洛克建筑之中最壮观的一座，其外观至今仍十分引人瞩目。但教堂内部在1936年西班牙内战初期，被人放火焚毁。如果临近圣诞节，可以留意一下这里的pessebres（耶稣诞生场景）。

鲜花摊位

来到圣何塞街（La Rambla de Sant Josep；根据一座不复存在的修道院命名），感官冲击依然强烈。这条街道始于Carrer de la Portaferrissa，终于Plaça de la Boqueria。因为沿街大部分路段摆满鲜花摊位，俗称鲜花大街（La Rambla de les Flors），整条街香气沁人心脾，也伴随着嘈杂喧嚣。

总督夫人宫

总督夫人宫（Palau de la Virreina）是一座宏伟的18世纪洛可可风格宅邸，非常靠近兰布拉大道西界。**影像中心**（Centre de la Imatge；☎93 316 10 00；www.ajuntament.barcelona.cat/lavirreina）开设于此，是一个前卫的展览地点，巡回展出前卫摄影作品。

☑ 独家贴士

- 始终留意随身物品——扒手同游客一样喜欢兰布拉大道。
- 既要清晨漫步，也要夜晚走过，感受兰布拉大道的多种风情。
- 除非愿意为昂贵的啤酒（每杯可达€10）买单，否则不要落座主街沿线的户外餐桌。
- 情色博物馆的阳台正好能够看到博盖里亚市场入口。

✗ 吃喝落脚点

要想坐下好好吃点东西，附近的最佳选择就是皇家广场（见62页）周边的餐馆。

最佳早餐地点——或者随时想喝咖啡——就是**Café de l' Òpera**（☎93 317 75 85；www.cafeoperabcn.com；La Rambla 74；⏲8:30至次日2:30；📶；Ⓜ Liceu）。

博盖里亚市场

饭店厨师、公司职员和游客都会来到博盖里亚市场（Mercat de la Boqueria）逛悠，这里的商品琳琅满目、应有尽有，比如，鲜艳夺目的果蔬、光亮闪烁的鱼肉柜台、悬挂起来的熏肉、成堆刺鼻的奶酪、一桶桶橄榄和泡椒，以及巧克力蛋糕和其他甜食。四周分布着一些西班牙小吃酒吧，提供美味食品，顾客盈门。

情色博物馆

情色博物馆（Museu de l' Eròtica, Erotica Museum; ☎93 318 98 65; www.erotica-museum.com; La Rambla 96; 成人/优惠 €9/8; ⏲10:00至午夜; Ⓜ Liceu）是一家历史悠久的私人情色用品收藏馆，介于娱乐、庸俗和艺术之间。展品丰富，包括印度《爱经》插画，还有早期情色电影、性虐用品和一个长达2米的木制阴茎。

Mosaïc de Miró

继续前行，就会到达加泰罗尼亚伟大艺术家胡安·米罗（Joan Miró）的拼图作品。这个与路面镶嵌的环形结构，体现了米罗作品典型的简明设计和蓝、红、黄的大胆着色。米罗亲自选定这个位置，距离其出生地Passatge del Crèdit不远。

利塞欧大剧院

1847年建成，1994年被焚毁，5年以后得以修复。巴塞罗那大型歌剧舞台**利塞欧大剧院**（Gran Teatre del Liceu; ☎93 485 99 00; www.liceubarcelona.cat; La Rambla 51-59; 团队游 50分钟/25分钟 €16/6; ⏲50

分钟团队游 9:30和10:30，25分钟团队游时间不定；Ⓜ Liceu）推出了何塞·卡雷拉斯（José Carreras）和蒙特赛拉特·卡芭叶（Montserrat Caballé）两位巨匠。大理石楼梯、镜厅（Salódels Miralls）和19世纪正厅前排座位都是原件。

皇家广场

皇家广场（Plaça Reial）是巴塞罗那最迷人广场之一。许多游客就是从这个广场走出兰布拉大道，踏入哥特区。这是一个夜生活中心，也是颇受欢迎的会面地点，同时还有一些高迪早期的朴实作品。这个广场会令你流连忘返。

圣莫尼卡艺术中心

继续往南，兰布拉大道变得更加破败，不过也更加宽阔，名字改成了圣莫尼卡街（La Rambla de Santa Mònica），是根据圣莫尼卡女修道院（Convent de Santa Mònica）命名的。原先的修道院已经被改造成一个艺术馆和文化中心，即**圣莫尼卡艺术中心**（Centre d' Art Santa Mònica；☎ 93 567 11 10；www.artssantamonica.gencat.cat；La Rambla 7；不收门票；⏰ 周二至周六11:00~21:00，周日11:00~17:00；Ⓜ Drassanes）。

蜡像馆

巴塞罗那的**蜡像馆**（Museu de Cera；☎ 93 317 26 49；www.museocerabcn.com；Passatge de la Banca 7；成人/优惠/4岁以下 €15/9/免费；⏰ 夏季10:00~22:00，冬季周一至周五10:00~13:30和16:00~19:30，

博盖里亚市场

周六和周日11:00~14:00和16:30~20:30；Ⓜ Drassanes）位于兰布拉大道东侧的一条街外，陈列了300多位世界名人的蜡像。展品从中世纪的恐怖酷刑到查尔斯王子和卡米拉塑像，不一而足。

哥伦布纪念碑

哥伦布曾经艰难跋涉穿越美洲大陆。几个世纪以后，为了纪念哥伦布，人们建造了**哥伦布纪念碑**（Mirador de Colom；☎ 93 302 52 24；www.barcelonaturisme.com；Plaça del Portal de la Pau；成人/优惠 €6/4；⏰ 夏季8:30~20:30，冬季8:30~19:30；Ⓜ Drassanes），碑高60米，同时也是为了迎接1888年世界博览会而建。搭乘电梯登顶可俯瞰兰布拉大道的优美景色。

顶级景点
大教堂

大教堂（La Catedral）是巴塞罗那的核心宗教场所，富丽堂皇。正面装饰气派，屋檐盘踞夜行神龙以及石头造型，仿若北欧哥特式风格。因此，它与巴塞罗那其他教堂差别显著。外立面于1870年添加，其他部分建于1298~1460年。

见60页地图，C3

www.catedralbcn.org

Plaça de la Seu

不收门票，“捐赠入口”€7，唱诗班€3，屋顶€3

周一至周五8:00~12:45和17:15~19:30，周六和周日至20:00，“捐赠入口”周一至周六13:00~17:00，周日14:00~17:00

大教堂内部景象

不要错过

设计

内部高耸开阔，两排高雅纤细的立柱将内部分为中殿和两条走廊。大教堂是内战期间巴塞罗那为数不多幸免于难的教堂之一，它从未过分奢华的样貌至今保存完好。

唱诗班座席

中殿中间是14世纪末期做工巧妙的木刻唱诗班座席（coro）。唱座席上的盾形纹章属金羊毛骑士团（Order of the Golden Fleece）巴塞罗那分会成员所有。

地宫

地宫位于主祭台之下，内有Santa Eulàlia之墓。Santa Eulàlia是巴塞罗那守护神之一，后来遭到罗马异教徒杀害，以身殉国。墓地展示了一部分Santa Eulàlia所受的酷刑。

屋顶

要想俯瞰"中世纪巴塞罗那"全景，就去大教堂屋顶和塔楼。可以从东北耳堂附近的Capella de les Animes del Purgatori乘坐电梯（€3）前往。

回廊

从西南耳堂走出，到达绿荫婆娑的回廊（claustre），那里有喷泉和13只鹅。据说，这些鹅代表Santa Eulàlia遇害时候的年龄，中世纪以来，一代又一代，这里一直回荡着鹅鸣叫的声音。其中一个礼拜堂用于纪念西班牙内战中捐躯的930位神父、僧侣和修女。

☑ 独家贴士

- 在"捐赠入口"付费进入其实非常划算，因为能避开人潮，相对安静地欣赏这处建筑的华丽壮观。
- 如果周六18:00或周日11:00左右前来，留意一下sardana（加泰罗尼亚民族舞蹈）表演，就在大教堂前面的广场上。

吃喝落脚点

前往Carrerdels Banys Nous的**Xurreria**（☎93 31876 91; Carrer dels Banys Nous 8; 一篓 €1.20; ⏰7:30~13:30和15:30~20:15; Ⓜ Jaume I），吃上一大篓西班牙油条。

几分钟步程之外就是**Els Quatre Gats**（☎93 302 41 40; www.4gats.com; Carrer de Montsió 3; 主菜€21~29; ⏰12:30~16:30和18:30至次日1:00; 📶; Ⓜ Urquinaona），这是一个具有建筑美感的旅行休息站。

当地生活
哥特区的周日

哥特区时常游客爆棚，不过每逢周日，当地人大肆出动：走上广场开办小型集市，或者前往外地游客未知的地域。市政厅（一个加泰罗尼亚的地标）也只在周日对外开放。

❶ 精神追求

周日弥撒仍是哥特区生活的重要组成部分。旅程的最佳起点就是建于14世纪的**Església de Sants Just i Pastor**（☎93 301 74 33；www.basilicasantjust.cat；Plaça de Sant Just；⏲周一至周六11:00~14:00和17:00~21:00，周日10:00~13:00；Ⓜ Liceu或Jaume I）。这座哥特式教堂在加泰罗尼亚人民心中占有特殊地位：1924年9月11日，高迪在此被捕，因为

他拒绝对警察说西班牙语。

❷ 加泰罗尼亚权力中心

自治领宫(Palau de la Generalitat; www.president.cat; 每月第二个和第四个周末; Ⓜ Jaume I)位于圣加乌马广场(Plaça de Sant Jaume),它是加泰罗尼亚地方政府的权力机构,由几个哥特式建筑改造而成。圣乔治厅(Saló de Sant Jordi)是内部富丽堂皇的典型代表。参观必须通过网络预订。

❸ 市政厅之旅

巴塞罗那**市政厅**(Ajuntament, Casa de la Ciutat; ☎93 402 70 00; www.barcelonaturisme.com; Plaça de Sant Jaume; 不收门票; 周日10:30~13:30; Ⓜ Jaume I)自14世纪以来一直都是市政府权力机构。侧立面是加泰罗尼亚哥特式风格,内部非常壮观,带有一个宏伟阶梯以及精心修复的百人会堂(Saló de Cent)。

❹ Sardana

出类拔萃的加泰罗尼亚民族舞蹈sardana定会让你记忆犹新。场面壮观、令人愉悦,同时能够突出加泰罗尼亚的形象。要想观赏的话,最好周日11:00(或者周六18:00)前往大教堂隔壁的**Plaça Nova**,通常这个时段那里都有表演。

❺ 钱币和邮票

当整个巴塞罗那还都处于酣睡之中时,专业收藏者就已经动身前往**钱币和邮票市场**(Coin & Stamp Market, Mercat de Numismàticai Filatèlia; Plaça Reial; 周日9:00~14:30; Ⓜ Liceu)了。就像所有跳蚤市场一样,这个市场也是一个淘宝胜地。一些摊位也已经开始售卖别的玩意儿,包括古董和其他东西。

❻ 工艺品市场

工艺品市场(Mostra d' Art; Plaça de Sant Josep Oriol; 周六11:00~20:30, 周日10:00~15:00; Ⓜ Liceu)是哥特区的最为迷人的小型广场之一,数十位当地艺术家和工匠在此展示他们的作品。市场位于圣何塞欧利尔广场(Plaça de Sant Josep Oriol),广场以17世纪这个教堂的教区神父(1909年封圣)命名。

❼ 周日午餐

Can Culleretes(☎93 317 30 22; www.culleretes.com; Carrer Quintana 5; 主菜 €10~17; 周二至周六13:30~16:00和21:00~23:00, 周日13:30~16:00; Ⓜ Liceu)1786年开业,现今仍旧生意兴隆。人们来此感受轻松的氛围,欣赏老式瓷片装饰,品尝分量十足的传统加泰罗尼亚美食。

❽ 油条蘸热巧克力

作为巴塞罗那人最佳午后休憩地点,**Granja La Pallaresa**(☎93 302 20 36; Carrer del Petritxol 11; 每天9:00~13:00,周一、周六和周日外加16:00~21:00; Ⓜ Liceu)提供香浓热巧克力。点些酥脆可口的油条(churros,加泰罗尼亚语称作xurros)蘸着热巧克力吃。

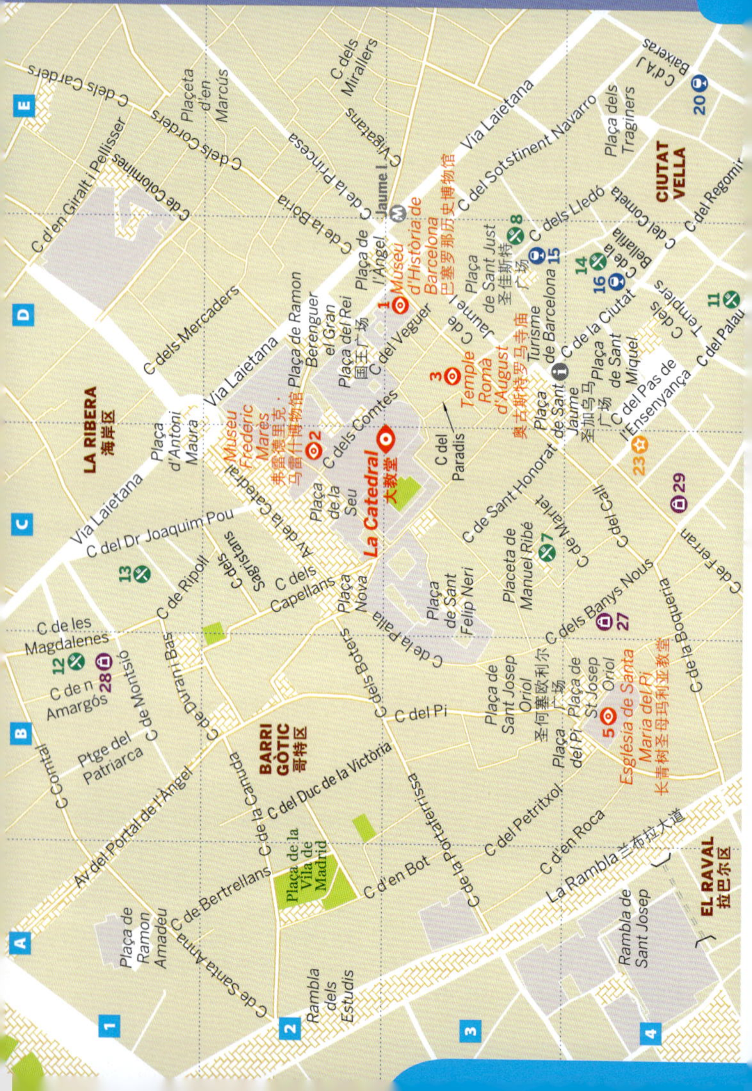
LA RIBERA
海岸区
BARRI GÒTIC
哥特区
EL RAVAL
拉巴尔区
CIUTAT VELLA
La Catedral
大教堂
Museu Frederic Marès
弗雷德里克·马雷什博物馆
Museu d'Història de Barcelona
巴塞罗那历史博物馆
Temple Romà d'August
奥古斯特罗马寺庙
Església de Santa Maria del Pi
长青树圣母玛利亚教堂
Via Laietana
C dels Carders
C dels Corders
C de Colomines
C d'en Giralt i Pellisser
Placeta d'en Marcús
C de la Princesa
C de la Boria
C dels Mirallers
C Vigatans
C dels Mercaders
Plaça d'Antoni Maura
C del Dr Joaquim Pou
Av de la Catedral
C dels Sagristans
C dels Capellans
C de Ripoll
C de les Magdalenes
C d'en Amargós
C de Montsió
C Comtal
Ptge del Patriarca
C de Duran i Bas
Av del Portal de l'Àngel
C de la Canuda
C del Duc de la Victòria
Plaça de Ramon Amadeu
C de Bertrellans
C de Santa Anna
Plaça de la Vila de Madrid
Rambla dels Estudis
C d'en Bot
C de la Portaferrissa
C dels Boters
C del Pi
Plaça Nova
Plaça de la Seu
C dels Comtes
Plaça de Ramon Berenguer el Gran
Plaça del Rei
国王广场
C del Veguer
Plaça de l'Àngel
Jaume I
C de Jaume I
Plaça de Sant Just
圣佳斯特广场
C dels Lledó
C del Sotstinent Navarro
Plaça dels Traginers
C d'A.J. Baixeras
C del Regomir
C de la Cometa
C de Bellafila
C de la Ciutat
C dels Templers
C del Palau
Turisme de Barcelona
Plaça de Sant Jaume
圣加乌马广场
Plaça de Sant Miquel
C del Pas de l'Ensenyança
C del Paradís
C de Sant Honorat
C de Marlet
C del Call
C de Ferran
Placeta de Manuel Ribé
Plaça de Sant Felip Neri
C de la Palla
C dels Banys Nous
C de la Boqueria
Plaça de Sant Josep Oriol
圣何塞欧利尔广场
Plaça de St Josep Oriol
Plaça del Pi
C del Petritxol
C d'en Roca
La Rambla 兰布拉大道
Rambla de Sant Josep

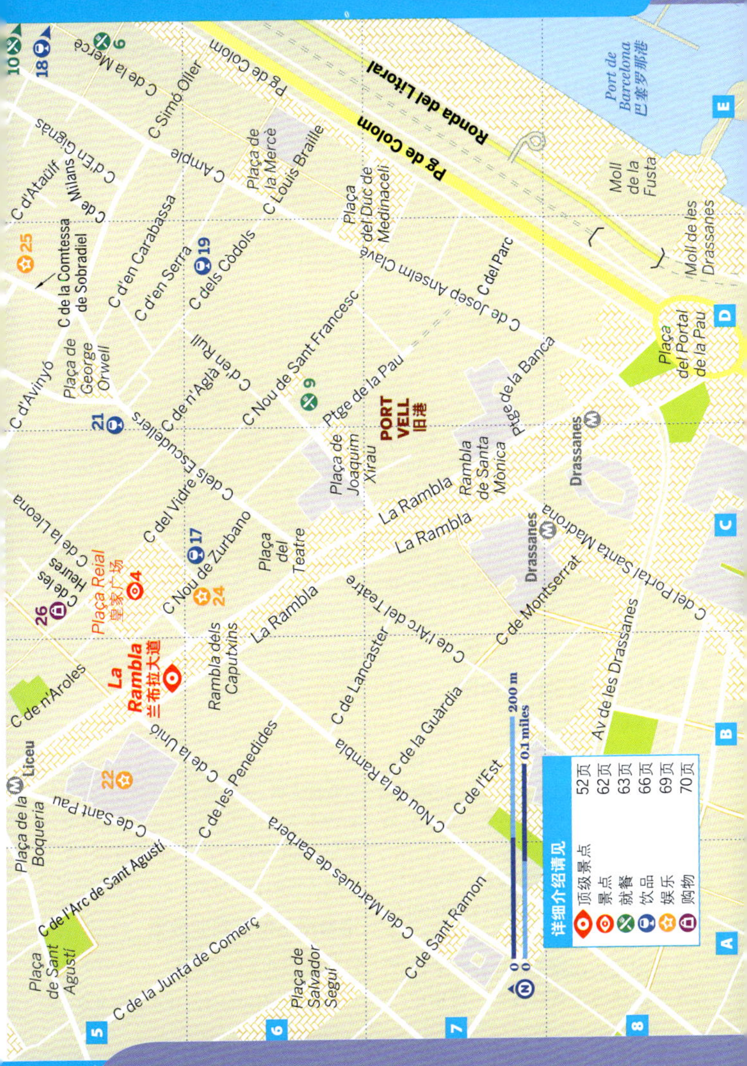
详细介绍请见
顶级景点 52页
景点 62页
就餐 63页
饮品 66页
娱乐 69页
购物 70页
La Rambla
兰布拉大道
Plaça Reial
皇家广场
PORT VELL
旧港
Port de Barcelona
巴塞罗那港
Ronda del Litoral
Pg de Colom
Moll de la Fusta
Moll de les Drassanes
Plaça del Portal de la Pau
Drassanes
Liceu
Plaça de la Boqueria
Plaça de Sant Agustí
Plaça de Salvador Seguí
Plaça del Teatre
Plaça de Joaquim Xirau
Plaça de George Orwell
Plaça de la Mercè
Plaça del Duc de Medinaceli
Rambla dels Caputxins
Rambla de Santa Mònica
C de Josep Anselm Clavé
C Ample
C de la Mercè
C Nou de Sant Francesc
C Nou de Zurbano
C Nou de la Rambla
C dels Escudellers
C d'Avinyó
C de l'Arc de Sant Agustí
C de la Junta de Comerç
C del Marquès de Barberà
C de Sant Ramon
C de Sant Pau
C de les Penedides
C de la Unió
C de Lancaster
C de l'Arc del Teatre
C de la Guàrdia
C de l'Est
C de Montserrat
C del Portal Santa Madrona
Av de les Drassanes
Ptge de la Banca
Ptge de la Pau
C del Parc
C Louis Braille
C dels Còdols
C d'en Serra
C d'en Carabassa
C de la Comtessa de Sobradiel
C de Milans
C d'En Gignàs
C d'Ataülf
C Simó Oller
C d'en Rull
C de n'Aglà
C del Vidre
C de la Lleona
C de les Heures
C de n'Aroles
200 m
0.1 miles

景点

巴塞罗那历史博物馆 博物馆

1 见60页地图，D3

这是巴塞罗那最引人入胜的博物馆之一，带你跨越历史前往罗马人建立巴西诺（Barcino）的时期。你将漫步经过古老街道、下水道、洗衣店以及生产葡萄酒和鱼肉的工厂。公元前10世纪，奥古斯特大帝（Emperor Augustus）建立这座城市之后，各种生意开始繁荣昌盛。建筑本身同样引人注目，曾是国王广场（Plaça del Rei）上大皇宫（Palau Reial Major）的一部分，属于巴塞罗那君权的重要地点之一。（Museu d' Història de Barcelona，简称MUHBA；☎93 256 21 00；www.museuhistoria.bcn.cat；Plaça del Rei；成人/优惠/儿童 €7/5/免费，周日15:00~20:00和每月第一个周日免费；⏰周二至周六10:00~19:00，周日10:00~20:00；Ⓜ Jaume I）

弗雷德里克·马雷什博物馆 博物馆

2 见60页地图，C2

这个中世纪建筑群面积巨大，展品覆盖范围广泛，曾是巴塞罗那伯爵宫殿的一部分。墙上一个破旧盾形纹章显示，这里曾经还是西班牙宗教法庭（Spanish Inquisition）的巴塞罗那分部。弗雷德里克·马雷什（Frederic Marèsi Deulovol，1893~1991年）是个富裕的雕刻家、旅行家和痴迷的收藏家。宗教艺术展品和各种各样的古董物件遍布博物馆。（Museu Frederic Marès；☎93 256 35 00；www.museumares.bcn.cat；Plaça de Santlu 5；成人/优惠/儿童 €4.20/2.40/免费，周日15:00以后和每月第一个周日免费；⏰周二至周六10:00~19:00，周日11:00~20:00；Ⓜ Jaume I）

奥古斯特罗马寺庙 遗迹

3 见60页地图，D3

狭窄的Carrer del Paradis位于大教堂东南端对面，通往圣加乌马广场（Plaça de Sant Jaume）。Carrer del Paradis 10号，有一座融合哥特式和巴洛克元素的迷人建筑，那里伫立着巴塞罗那核心罗马寺庙的4个立柱和楣梁。这座寺庙专门用于纪念公元1世纪的帝王恺撒·奥古斯特。（Temple Romà d' August；☎93 256 21 22；Carrer del Paradis 10；不收门票；⏰周一10:00~14:00，周二至周六至19:00，周日至20:00；Ⓜ Jaume I）

皇家广场 广场

4 见60页地图，C5

这是巴塞罗那最适合拍照留影的广场之一。相比附近车水马龙、行人喧嚣的兰布拉大道，这里仿似世外桃源。19世纪新古典主义建筑的拱廊之下，满眼都是餐馆、酒吧和夜店，一天到晚精彩不断。（Plaça Reial；Ⓜ Liceu）

常青树圣母玛利亚教堂 教堂

5 见60页地图，B4

这座醒目的14世纪教堂是加泰罗尼亚

皇家广场的户外餐座

哥特式风格代表作之一。外观雄伟、内里开阔，带有一个中殿。主神殿的简朴装饰同镀金礼拜堂以及精美彩色玻璃窗形成鲜明对比。天光透过玻璃窗洒满室内，入口上方的圆花窗是全球最大圆花窗之一。这里有时会举办音乐会（古典吉他、合唱团、室内管弦乐队）。（Església de Santa Maria del Pi; ☎93 318 47 43; www.basilicadelpi.com; Plaça del Pi; 成人/优惠/6岁以下 €4/3/免费; ⏰10:00~18:00; Ⓜ Liceu）

就餐

La Plata　西班牙小吃 €

6 🍴 见60页地图，E5

La Plata藏身于海滨附近一条小巷之内。虽然简陋，但是受人欢迎，菜品只有3种：油炸小鱼（pescadito frito）、腊肠（butifarra）和番茄沙拉。算上香醇可口、价格合理的葡萄酒（每杯€1.10），这里已经达到了一流餐前西班牙小吃酒吧的水准。（☎93 315 10 09; www.barlaplata.com; Carrer de la Mercè 28; 西班牙小吃 €2.50~5; ⏰周一至周六9:00~15:30和18:30~23:30; Ⓜ Jaume I）

La Vinateria del Call　西班牙菜 €€

7 🍴 见60页地图，C3

这个餐馆仿似一个小巧的首饰盒（最近扩店，新增了一个餐厅），位于原先的犹太社区之内，环境美妙迷人。提供美味可口伊比利亚（Iberian）菜品，包括加里西亚

独家贴士

罗马时代围墙

这座城市的缔造者当属罗马人，公元前1世纪他们在此建起一座城池。其3世纪和4世纪围墙的大型遗迹仍然伫立于哥特区，特别是在Plaça de Ramon Berenguer el Gran和Carrer del Sotstinent Navarro北端附近。

(Galician)章鱼、苹果酒香肠和加泰罗尼亚escalivada(烤辣椒、烤茄子和烤洋葱)，配以凤尾鱼。分量很小，是为了能分享品尝。同时还提供一些品质不错、价格适中的葡萄酒。(☎93 302 60 92; www.lavinateriadelcall.com; Carrer de Sant Domènec del Call 9; 小盘 €7~12; ⏲19:30至次日1:00; Ⓜ Jaume I)

Cafè de l’Acadèmia

加泰罗尼亚菜 €€

8 见60页地图，D3

一般都是传统加泰罗尼亚菜品，有时提供一些创意菜。午餐时段，当地市政厅工作人员通常点选每日套餐(menú del día; €14.30)。夜间灯光暗淡，因此镶梁屋顶和石头墙壁显得气氛怡人。如果天气暖和，可以落座门前美丽广场之上，大快朵颐。(☎93 319 82 53; Carrer dels Lledó 1; 主菜 €14~18; ⏲周一至周五13:00~15:30和20:00~23:00; 📶; Ⓜ Jaume I)

Federal

咖啡馆 €€

9 见60页地图，D6

别被那些时髦工业设计、满眼的苹果笔记本电脑或者一沓沓设计杂志唬到——这是波布塞克Federal总部的一家分店，实际上这家店非常热情好客，提供健康、足量、超值食品。例如，可以选择一种沙拉和浇顶配菜(有去壳水煮蛋、鸡柳)，或者黄咖喱，然后吃点松软的胡萝卜蛋糕。(☎93 280 81 71; www.federalcafe.es; Passatge de la Pau 11; 主菜 €9~12; ⏲周一至周四9:00至午夜，周五和周六至次日1:00，周日9:00~17:30; 📶; Ⓜ Drassanes)

Belmonte

西班牙小吃 €€

10 见60页地图，E5

这个小型西班牙小吃酒吧位于哥特区南部边缘，提供制作精美的小盘菜品，包括非常出色的玉米薄饼(truita)、营养丰富的红椒杏仁酱盐渍小土豆(patatons a la sal)和鲜嫩可口的章鱼肉片(carpaccio de pop)。同时，喝点自制苦艾酒(vermut)。(☎93 310 76 84; Carrer de la Mercè 29; 西班牙小吃 €4~10，主菜 €12; ⏲周二至周六20:00至午夜，周六外加13:00~15:30; 📶; Ⓜ Jaume I)

Rasoterra

素食 €€

11 见60页地图，D4

Rasoterra是哥特区一家新开的餐馆，很受欢迎。烹制一流素食菜品，环境“禅味”十足，屋顶高耸、爵士音乐低吟浅唱、餐桌摆放着鲜花。菜品颇有创意、包含各国风味，定期变换，可能推出配以豆腐和蔬菜的越式椰子薄饼、印度香米配白扁豆，还有梨和山羊奶酪玉米粉饼。真是纯素和无谷蛋白的美食乐园。（☎93 318 69 26；www.rasoterra.cat；Carrer del Palau 5；主菜 €13；⏲周二19:00~23:00，周三至周日13:00~16:00和19:00~23:00；📶🖉；Ⓜ Jaume I）

Onofre

西班牙菜 €€

12 见60页地图，B1

Onofre是个小型、新潮的餐馆（又是葡萄酒商店和熟食店），这里的精选（物美价廉）葡萄酒非常有名。美味可口的西班牙小吃和超值特价午餐（三道菜prix fixé仅售€10.75，周六售价€14.75）受到当地人追捧。还有如下美食：意大利绿菜鹅片、油封鸭、鳕鱼肉片和烤箱焙虾。

了解当地

城市的发展

公元前1世纪，罗马人首先在现今巴塞罗那的地界上建起一个长期定居点。居住中心称作巴西诺（Barcino），四周建有城墙，地域大约就是如今的哥特区，是一个大致呈标准矩形构造的罗马城镇。广场基本位于现在圣加乌马广场的位置。整个巴西诺占地不超过10公顷。

随后几个世纪，居民区向城墙以外扩张。到了13世纪和14世纪，巴塞罗那已经成为一个日渐庞大的地中海帝国的首都，人口快速增长。城墙向外延伸，汇入现在的拉巴尔区和海岸区。兰布拉大道（名字源自一条季节性河流，阿拉伯语称为raml）位于城墙之外，直至14世纪。

到了19世纪中期，巴塞罗那再次蓬勃发展。19世纪20年代，巴塞罗那在当时通往格拉西亚乡村的道路两旁种上树木，形成了格拉西亚大道，两旁分布花园和田野。1856年，中世纪城墙被拆，1869年，扩建区开始施工，目的就是开发巴塞罗那和格拉西亚之间的空旷田野。

扩建区由Ildefons Cerdà设计，采用网格结构，带有菱形交叉路口，打破了花园和公园，并与老城区北部边缘接壤，起始地点就位于现今的加泰罗尼亚广场。

这个规划可是革命性的。直到那时，法律仍然禁止开发这些平原地带，因这是个军事区。工程进展顺利，直至20世纪。富有家庭捷足先登，建起了美妙的宅邸，采用兼容并包的现代主义风格。因为限制不复存在，巴塞罗那迅猛发展，吞并了许多城镇，例如，格拉西亚、Sant Martí、Sants和Sant Andreu。

独家贴士

每日套餐

工作日选择每日套餐（Menú del Día）作午餐，是一种绝佳控制花费的方式，通常为€10~15，包含五六种开胃菜，五六种主菜，以及一些餐后甜点，可以从中各选一种。

（☎93 317 69 37；www.onofre.net；Carrer de les Magdalenes 19；主菜 €9~14；⏰周一至周六10:00~16:00和19:30至午夜；📶；Ⓜ Jaume I）

Koy Shunka 日本菜 €€€

13 见60页地图，C1

Koy Shunka位于大教堂以北一条狭窄小道之上。提供东方美食——令人垂涎欲滴的寿司、生鱼片、烤神户牛肉和滋味丰富的凉拌海带丝，同时提供创意烹饪菜品，例如，日本米酒蒸文蛤、扇贝天妇罗（一种日式菜肴，蔬菜或鱼虾裹上面糊后油炸），以及松茸大虾。不要错这家店的特色：鲜嫩可口的金枪鱼腩（toro）。（☎93 412 79 39；www.koyshunka.com；Carrer de Copons 7；多道菜套餐 €82~128；⏰周二至周六13:30~15:00和20:30~23:00，周日13:30~15:00；Ⓜ Urquinaona）

Pla 创意菜 €€€

14 见60页地图，D4

Pla是哥特区长期以来深受喜爱的餐馆之一，新潮时髦、灯光浪漫迷人。厨师会精心烹制各种美食，例如，红酒烩牛尾、炉烤辣椒金枪鱼，以及当季菌菇玉米粥。周日至周四推出品尝套餐，售价€52。（☎93 412 65 52；www.restaurantpla.cat；Carrer de la Bellafila 5；主菜 €17~23；⏰周日至周四19:00~23:30，周五和周六至午夜；Ⓜ Jaume I）

饮品

Ginger 鸡尾酒吧

15 见60页地图，D3

Ginger紧邻安静的圣佳斯特广场（Plaça de Sant Just），是个多层、艺术装饰风格的酒楼，灯光暗淡，有精心调制的鸡尾酒，播放着悦耳的音乐（有些晚上是DJ播放的黑胶唱片）。这个地方温馨舒适，适合细品葡萄酒，品尝美味的西班牙小吃。（☎93 310 53 09；www.ginger.cat；Carrer de Palma de Sant Just 1；⏰周二至周四19:30至次日2:30，周五和周六19:30至次日3:00；Ⓜ Jaume I）

L' Ascensor 酒吧

16 见60页地图，D4

这个格调高雅的酒馆根据电梯门（也是酒吧的前门）命名，带有拱形砖砌屋顶、古镜和大理石桌面，吸引了一批忠实的顾客。他们来此品尝老式鸡尾酒，一边高谈阔论，一边聆听节奏明快的爵士乐和放克音乐。（☎93 318 53 47；Carrer de la Bellafila 3；⏰周日至周四18:00至次日2:30，

RAFAEL ELIAS/GETTY IMAGES ©

晚间鸡尾酒

周五和周六至次日3:00；；Jaume I）

Ocaña

酒吧

17 见60页地图，C6

Ocaña根据一个外向张扬、曾经住在皇家广场的艺术家命名。设计精妙，带有枝形吊灯，装修豪华。落座露台，可观看往来行人。或者下楼前往摩尔风情的Apotheke酒吧或几步之遥的时髦雅座，周末夜晚，有DJ在此为帅哥靓女以及时髦人士播放音乐。（93 676 48 14；www.ocana.cat；Plaça Reial 13；周一至周五正午至次日2:30，周六和周日11:00至次日2:30；；Liceu）

Sor Rita

酒吧

18 见60页地图，E5

Sor Rita就爱媚俗，所以外表虚华，例如豹纹壁纸和以高跟鞋为装饰的天花板，以及灵感来自佩德罗·阿尔莫多瓦尔（Pedro Almodóvar）影片的奇特装饰。这是一个娱乐和欢庆场所，举办各种"活动之夜"，包括周一的塔罗牌占卜、周二的€5小吃自助餐、周三的卡拉OK或卡巴莱歌舞，还有周四的特价杜松子酒。（93 176 62 66；www.sorritabar.es；Carrer de la Mercè 27；周日至周四19:00至次日3:00，周五和周六至次日3:30；；Jaume I）

当地生活

哥特区咖啡馆

巴塞罗那有些气氛极好的咖啡馆藏身于哥特区的古老鹅卵石小巷之中。**Salterio**（Carrer de Sant Domènec del Call 4；11:00至午夜，周五和周六至次日1:00；；Jaume I）提供茶水和烤面包片比萨（sardo），有石头墙壁，播放中东音乐。附近的**Čaj Chai**（93 301 95 92；www.cajchai.com；Carrer de Sant Domènec del Call 12；10:30~22:00；Jaume I）是个光线明亮、人声鼎沸的茶室，提供各种茶水。**Caelum**（93 302 69 93；www.caelumbarcelona.com；Carrer de la Palla 8；周一至周四 10:30~20:30，周五和周六至23:00，周日至21:00；Liceu）的甜点美味绝伦，非常出名，楼上设有一个雅致咖啡馆，还有一个地下室，带有中世纪石头墙壁，烛光摇曳。

Polaroid

酒吧

19 见60页地图，D6

Polaroid带有20世纪80年代怀旧色彩，能唤起人们的往日记忆，墙上挂着VHS录像带，还有昔日的电影海报、覆盖漫画书的桌面、动作人物展示和其他俗气装饰。所以，它能吸引一批乐观朴实的顾客不足为奇。他们来此为了廉价的cañas（散装啤酒）、莫吉托酒和免费的爆米花。（93 186 66 69；www.polaroidbar.es；CarrerdelsCòdols 29；周日至周四19:00至次日2:30，周五和周六至次日3:00；Drassanes）

La Cerveteca

酒吧

20 见60页地图，E4

对于啤酒爱好者而言，La Cerveteca不容错过。这里提供多种世界各地精酿啤酒。除了数十种瓶装啤酒外，经常轮流推出散装啤酒。奶酪、伊比利亚火腿（jamón ibérico）和其他唾手可得的熟食，包括腌马肉（cecina）。（nwww.lacerveteca.com；Carrer d' e Gignàs 25；周二至周五18:00至午夜，周六正午至15:30和18:00至午夜，周日正午至15:30；Jaume I）

Marula Café

酒吧

21 见60页地图，D5

Marula Café是哥特区中心地带一家非常出色的酒吧。能够带你回到20世纪70年代，体验一流放克乐和灵魂乐。在这里，詹姆士·布朗（James Brown）的粉丝会以为自己已经告别凡尘，去了天堂。然而，这里并非单一主题酒吧，DJ不断变换乐曲，从碎拍音乐到浩室音乐，不一而足。这里也会播放桑巴舞和其他巴西舞蹈乐曲。（93 318 76 90；www.marulacafe.com；Carrerdels Escudellers 49；周三至周日23:00至次日6:00；Liceu）

利塞欧大剧院

娱乐

利塞欧大剧院

剧院、现场音乐

22 ☆ 见60页地图，B5

巴塞罗那这座古老的大剧院1994年遭遇过大火，后经过修缮，成为全球技术最为先进的剧院之一。大礼堂恢复了其19世纪的辉煌模样，配备的是最为先进的音响设施。落座其间，仿佛时光穿越。（Gran Teatre del Liceu；☎93 485 99 00；www.liceubarcelona.com；La Rambla 51-59；⏲售票处周一至周五9:30~20:00，周六和周日9:30~18:00；Ⓜ Liceu）

El Paraigua

现场音乐

23 ☆ 见60页地图，C4

这个空间仿似一个小型、黑色现代主义风格巧克力盒，自20世纪60年代以来一直提供饮品。20世纪风格的装饰材料源自本区一个被拆毁了的商店，然后在此拼装建成这样一个温馨场所。（☎93 302 11 31；www.elparaigua.com；Carrer del Pas de l' Ensenyança 2；⏲周日至周三正午至午夜，周四至次日2:00，周五和周六至次日3:00；Ⓜ Liceu）

Jamboree

现场音乐

24 ☆ 见60页地图，C6

半个世纪以来，Jamboree一直通

过高水准的活动为巴塞罗那摇摆舞者带来欢乐，会上演爵士三重奏、蓝调音乐、非洲打击乐、拉丁乐曲和大乐队乐曲。晚上一般举行两场音乐会（20:00和22:00），之后，Jamboree成为午夜DJ调音夜店。WTF摇滚爵士即席演奏会周一举行（门票仅售€5）。（☎93 319 17 89; www.masimas.com/jamboree; Plaça Reial 17; €12~20; ⏲20:00至次日6:00; Ⓜ Liceu）

哈莱姆爵士乐俱乐部 爵士乐

25 ☆ 见60页地图，D5

这个狭窄的老城区场馆是城内欣赏爵士乐、放克乐、拉丁乐、蓝调音乐和吉卜赛爵士乐的最佳地点之一。观众形形色色，但是演出期间都能保持安静。音乐会通常22:00左右开始。如果想要靠前的座位，早点进场。（Harlem Jazz Club; ☎93 310 07 55; www.harlemjazzclub.es; Carrer de la Comtessa de Sobradiel 8; €6~10; ⏲周日和周二至周四22:30至次日3:00，周五和周六至次日5:00; Ⓜ Liceu）

购物

Herboristeria del Rei 化妆品

26 🔒 见60页地图，C5

这家街头商店历史悠久，曾经得到伊丽莎白二世（Queen Isabel Ⅱ）的光顾。店内出售各种各样稀奇古怪和不同凡响的香草、香料和药材。从1823年营业至今，从19世纪60年代开始店面模样就基本未变。然而，产品随着时间流逝而变得丰富起来，从香皂到按摩油，应有尽有。（☎93 318 05 12; www.herboristeriadelrei.com; Carrer del Vidre 1; ⏲周一14:00~20:30，周二至周六10:00~20:30; Ⓜ Liceu）

Artesania Catalunya 手工艺品

27 🔒 见60页地图，C4

这个店面设计精巧，专营加泰罗尼亚产品，是个挑选新颖礼品的好地方。一些珠宝设计的灵感来自罗马图像（有的参考了高迪和巴塞罗那哥特时代的工艺作品），另外还有陶器、木质玩具、真丝围巾、笔记本、家庭用品等。（☎93 342 75 20; www.bcncrafts.com; CarrerdelsBanys Nous 11; ⏲周一至周六10:00~20:00，周日至14:00; Ⓜ Liceu）

Taller de Marionetas Travi 牵线木偶

28 🔒 见60页地图，B1

这个气氛怡人的商店20世纪70年代开业，出售手工制作的精美牵线木偶。堂吉诃德（Don Quixote）、桑丘（Sancho）和其他标志性的西班牙人物形象随处可见。还有来自世界各地的非凡作品，包括难得一见的意大利西西里岛的木偶，以及来自缅甸、印度尼西亚和其他地方的作品。（☎93 412 66 92; www.marionetastravi.com; Carrer de n' Amargós 4; ⏲周一至周六正午至20:00; Ⓜ Urquinaona）

LORNEY/SHUTTERSTOCK ©

兰布拉大道（见52页）

La Manual Alpargatera 鞋

29 见60页地图，C4

萨尔瓦多·达利（Salvador Dalí）和让·保罗·高提耶（Jean Paul Gaultier）都曾在这家知名店铺订购过一双绳底帆布鞋（espadrilles）。这家店铺开业于西班牙内战后，不过设计鞋子的历史可以追溯至几百年前，源于加泰罗尼亚比利牛斯山（Catalan Pyrenees）。（93 301 01 72；www.lamanualalpargatera.es；Carrer d' Avinyó 7；周一至周五9:30~13:30和16:30~20:00，周六10:00开始；M Liceu）

探索

拉巴尔区

拉巴尔区（El Raval）曾经长期是巴塞罗那最为混乱的地区之一，如今在脏乱市区的街道上，它毫无疑问是现代而时髦的。旅游景点包括两个无与伦比的当代艺术中心，还有热闹非凡的街道，街道两旁分布着多姿多彩的商店、饭店和咖啡馆。等到入夜，拉巴尔区才真正活跃起来，在这里，奇特新潮的古老酒吧和夜店并存。

一日游行程

博盖里亚市场（见74页）是巴塞罗那历史最悠久的场所之一，上午到访最佳。离开鱼贩叫卖之地之后，就前往**巴塞罗那现代艺术博物馆**（MACBA，见79页）欣赏前沿现代艺术。

午餐去顾客盈门的**Mam i Teca**（见80页）享用地方美食，然后前往**巴塞罗那当代文化中心**（见79页）观赏一两个展览。接着南行，经过巴塞罗那最受青睐的奶品点心铺**Granja M Viader**（见77页），到达老城区唯一的高迪代表作**古埃尔宫**（见79页）。然后去**坎普圣保罗教堂**（见80页），这是巴塞罗那最安静的教堂之一。

晚上，先去**Jazz Sí Club**（见77页）观赏演出，然后到闻名遐迩的**Suculent**（见81页）享用晚餐。之后，去老酒吧**Bar Marsella**（左图；见77页）或**La Confitería**（见81页）等体验拉巴尔区的夜生活。

想体验拉巴尔区当地人的一天，见76页。

顶级景点

博盖里亚市场（见74页）

当地生活

拉巴尔区畅游（见76页）

巴塞罗那最佳

艺术和建筑

巴塞罗那现代艺术博物馆（见79页）

巴塞罗那当代文化中心（见79页）

古埃尔宫（见79页）

加泰罗尼亚美食

Suculent（见81页）

Mam i Teca（见80页）

博盖里亚市场（见74页）

Elisabets（见77页）

到达和离开

Ⓜ **地铁** 最佳交通方式。Catalunya站（1号线、3号线、6号线和7号线）和Universitat站（1号线和2号线）位于本区北端，Liceu站（3号线）位于中间，就在兰布拉大道以东。

Ⓜ **地铁** Drassanes站（3号线）、Paral·lel站（2号线和3号线）和Sant Antoni站（2号线）位于拉巴尔区南部。

顶级景点
博盖里亚市场

在巴塞罗那寻找感官体验的最佳场所就是博盖里亚市场（Mercat de la Boqueria）。市场于1914年建成，设计颇具现代主义风格，是巴塞罗那的地标，但是建筑本身却被其丰富的内部夺去了锋芒——来自西班牙各地的新鲜农产品、不胜枚举的令人难忘的巴塞罗那美食，以及市场里独特的叫卖声。你可以在这里随意逛逛，然后找个酒吧高脚凳坐下来继续观赏眼前的景象。

见78页地图，C3

93 412 13 15

www.boqueria.info

La Rambla 91

周一至周六8:00~20:30

M Liceu

人头攒动的博盖里亚市场

不要错过

鱼市

虽然面向游客的摊点试图与时俱进，但是位于市场地理中心的鱼市仍然坚守传统。竹蛏、红虾、鲑鱼、海鲈鱼和剑鱼，都保持着刚捕捞上岸时的新鲜，甚至几乎没有鱼腥味。巴塞罗那对于鱼肉和海鲜的痴迷从这里开始。

Bar Pinotxo的Juanito

就像一位巴塞罗那知名美食评论家所述，Juanito是“市场精神领袖”。他是**Bar Pinotxo**（www.pinotxobar.com；主菜 €8~17；周一至周六6:00~16:00；M Liceu）的酒保领班，一干就是40多年，身着马甲、打着领结，光彩照人，能说多种语言，服务热情。对待员工循循善诱，看到路人会微笑致意，并介绍每日的巴塞罗那传统美食特色菜。

Joan La Llar del Pernil

市场之内，jamón（西班牙式腌制火腿；加泰罗尼亚语称为pernil）摊点数不胜数，家庭经营的**Joan La Llar del Pernil**（93 317 95 29；摊位 667、669、670、671，周一至周四8:00~15:00，周五和周六至20:00；M Liceu）是我们的首选。摊主Joan对于自家腌火腿了如指掌，一边兴高采烈讲述“腌肉秘籍”，一边切下一片薄薄的火腿，招呼路人品尝。

El Quim

El Quim（93 301 98 10；www.elquimdelaboqueria.com；周二至周四7:00~16:00，周五和周六至17:00；M Liceu）位于市场中心，提供的食物就像从市场刚买来一样新鲜。菜品令人眼花缭乱，不过鸡蛋制品尤其出色：西班牙鸡蛋饼（tortilla de patatas）、鱿鱼煎蛋或鹅肝酱煎蛋……拉把凳子坐下点单吧。

独家贴士

- 市场周日歇业。
- 许多摊位周一歇业，包括多数鱼摊。
- 摊主们可谓全球被拍次数最多的一群人——拍照之前，请先征得他们的同意，最好能从他们的摊位购物。
- 按照野餐的思路，选择在一些中意的摊位购买食品——带着美餐一顿的心态，能够给你的市场之行带来全新的感受。

吃喝落脚点

想要新鲜食品以及一些市场最佳餐饮，就去El Quim。

想要近距离感受市场的熙攘喧嚣，就去Bar Pinotxo。

当地生活

拉巴尔区畅游

拉巴尔区是个错综复杂的区域。这段深入拉巴尔区当地生活的旅程将带你体验方方面面，从年轻精英们青睐的场所，到生动的街景和昔日巴塞罗那移民和妓女聚集的贫民窟。你沿途将会经过那些与其他区域不同、数十年一成不变的地方。

❶ 区内广场

要想感受当地生活，文森特马特里尔广场(Plaça de Vincenç Martorell)绝对是第一选择。当地人带小孩来这里玩耍，或者坐在**Bar Kasparo**(Plaça de Vicenç Martorell 4; ⌚9:00~23:00; Ⓜ Catalunya)里一边读报一边品味咖啡或红酒。距离兰布拉大道咫尺之遥，这里是巴塞罗那当地生活的鲜明写照。

❷ 欣赏音乐

Carrerdels Tallers两旁曾经开满唱片店。不幸的是，遭受经济危机重创，如今只剩**Discos Castelló**（Carrerdels Tallers 7; 周一至周六10:00~20:30; Ⓜ Catalunya）一家，出售全新和二手CD以及各种唱片，还包括一部分相关书籍和用品。

❸ 家常美食

拉巴尔区北部发展很快，但是一些地方，例如**Elisabets**（93 317 58 26; Carrerd' Elisabets 2-4; 主菜 €8~10，每日菜单 €10.85; 9月至次年7月 周一至周六7:30~23:30; Ⓜ Catalunya）则保持不变。墙边放着老式收音机，午餐套餐每天都不同。如果想要按照菜单点餐，可以试试野猪炖菜（ragú de jabalí），餐后可以吃点melimató（一种加泰罗尼亚甜品，用奶酪和蜂蜜制成）。

❹ 自制热巧克力

Granja M Viader（93 318 34 86; www.granjaviader.cat; Carrer d' en Xuclà 6; 周一至周六9:00~13:30和17:00~21:00; Ⓜ Liceu）始于1873年，是一个温馨舒适的奶品点心铺和咖啡馆。Cacaolat就是在这里发明的，那是一种巧克力脱脂牛奶饮品，如今风靡西班牙全国。品尝一杯自制热巧克力和鲜奶油（要一份suís，即打发的鲜奶油）。

❺ 二手服饰

想不想在这里买到价格便宜且不易被人觉察的服饰？在Carrer de la Riera Baixa沿线，从Carrer del Carme到Carrer de l' Hospital，有一段不到100米的路，开有十几家服装店，大多出售二手货。

❻ 现场音乐

小巧玲珑的**Jazz Sí Club**（93 329 00 20; www.tallerdemusics.com; Carrer de Requesens 2; €4~10，含饮品; 周二至周六20:30~23:00，周日18:30~22:00; Ⓜ Sant-Antoni）由Taller de Músics（音乐人工作室）经营，举办各种演出，从爵士即兴演奏会到一些精品弗拉明戈舞演出（周五晚上），不一而足。周四晚上是古巴之夜。音乐会大约20:30开始，但是最好早点来。

❼ 风景优美的漫步道

棕榈树林立的拉巴尔街两旁开有餐馆和户外咖啡馆，是巴塞罗那兰布拉大道最新的一段（1995年铺设）。不要错过块头巨大、留胡须的猫（Gat）雕塑，出自哥伦比亚艺术家费尔南多·波特罗（Fernando Botero）之手，这是拉巴尔区最受青睐的会面地点。

❽ 深夜畅饮

晚上，去**Bar Marsella**（93 442 72 63; Carrer de Sant Pau 65; 周一至周四22:00至次日2:30，周五和周六22:00至次日3:00; Ⓜ Liceu）畅饮一番，这个酒吧始于1820年，屋内喧嚣嘈杂，装饰有枝形吊灯、瓷片和镜面。就像海明威时代一样，苦艾酒是首选饮品，它会让你脸上泛起红晕，尽管如此，也不要贪杯哦！

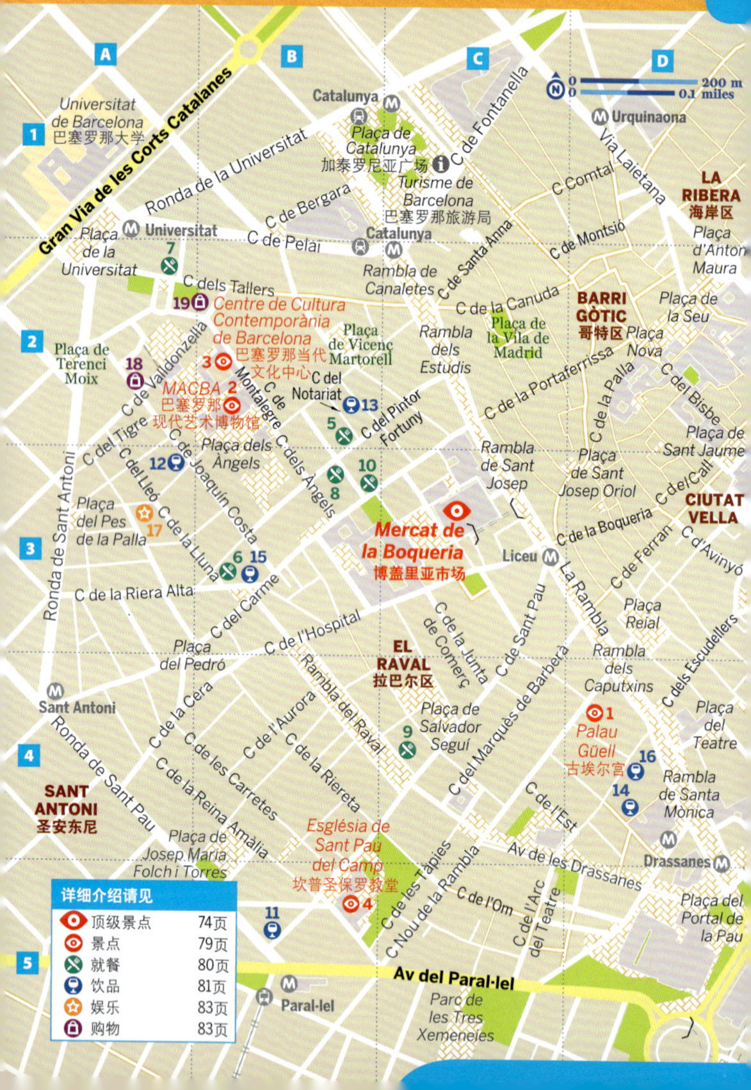

A
B
C
D
1
2
3
4
5
0 200 m
0 0.1 miles
Universitat de Barcelona
巴塞罗那大学
Gran Via de les Corts Catalanes
Ronda de la Universitat
Catalunya
Plaça de Catalunya
加泰罗尼亚广场
Turisme de Barcelona
巴塞罗那旅游局
C de Fontanella
Urquinaona
Via Laietana
C Comtal
LA RIBERA
海岸区
Plaça d'Anton Maura
C de Bergara
Plaça de la Universitat
Universitat
C de Pelai
Catalunya
C de Santa Anna
C de Montsió
C dels Tallers
Rambla de Canaletes
C de la Canuda
BARRI GÒTIC
哥特区
Plaça de la Seu
Plaça Nova
Centre de Cultura Contemporània de Barcelona
巴塞罗那当代文化中心
Plaça de Vicenç Martorell
Rambla dels Estudis
Plaça de la Vila de Madrid
C de la Portaferrissa
C de la Palla
C del Bisbe
Plaça de Terenci Moix
C de Valldonzella
MACBA
巴塞罗那现代艺术博物馆
C de Montalegre
C del Notariat
C del Pintor Fortuny
Plaça de Sant Jaume
C del Tigre
C de Joaquín Costa
Plaça dels Àngels
C dels Àngels
Rambla de Sant Josep
Plaça de Sant Josep Oriol
C del Call
CIUTAT VELLA
Ronda de Sant Antoni
C del Lleó
Plaça del Pes de la Palla
C de la Lluna
Mercat de la Boqueria
博盖里亚市场
C de la Boqueria
Liceu
C de Ferran
C d'Avinyó
C de la Riera Alta
C del Carme
La Rambla
Plaça Reial
C de l'Hospital
C de la Junta de Comerç
C de Sant Pau
Plaça del Pedró
EL RAVAL
拉巴尔区
Rambla dels Caputxins
C dels Escudellers
Sant Antoni
C de la Cera
Rambla del Raval
Plaça de Salvador Seguí
C del Marquès de Barberà
Palau Güell
古埃尔宫
Plaça del Teatre
C de l'Aurora
C de la Riereta
Rambla de Santa Mònica
Ronda de Sant Pau
C de les Carretes
C de la Reina Amàlia
C de l'Est
SANT ANTONI
圣安东尼
Plaça de Josep Maria Folch i Torres
Església de Sant Pau del Camp
坎普圣保罗教堂
C de les Tàpies
C Nou de la Rambla
Av de les Drassanes
Drassanes
C de l'Om
C de l'Arc del Teatre
Plaça del Portal de la Pau
Av del Paral·lel
Paral·lel
Parc de les Tres Xemeneies
详细介绍请见
顶级景点 74页
景点 79页
就餐 80页
饮品 81页
娱乐 83页
购物 83页

景点

古埃尔宫

宫殿

1 见78页地图，D4

经过数年整修之后，古埃尔宫终于在2012年重新开放。这是高迪早期建筑狂想曲的杰作——超凡脱俗的新哥特式宅邸，在当时那个年代是老城区少有的新建大型建筑，从中可以一窥创造者令人叹服的设计天赋。（Palau Güell；☎93 472 57 75；www.palauguell.cat；Carrer Nou de la Rambla 3-5；成人/优惠/10岁以下€12/9/免费；⏰周二至周日10:00~20:00；Ⓜ Drassanes）

巴塞罗那现代艺术博物馆

艺术中心

2 见78页地图，B2

巴塞罗那现代艺术博物馆由理查德·迈耶（Richard Meier）设计，并于1995年开放，这座博物馆是巴塞罗那最重要的当代艺术中心，为真正的艺术爱好者提供了无数迷人的收藏品。一层展示的是永久性藏品，专注于20世纪后半叶的西班牙和加泰罗尼亚艺术，包括安东尼·塔皮埃斯（Antoni Tàpies）、琼·布罗萨（Joan Brossa）和米克尔·巴斯罗（Miquel Barceló）等人的作品。博物馆同时展出一些外国艺术家作品，包括保罗·克利（Paul Klee）、布鲁斯·南蒙（Bruce Nauman）和约翰·凯奇（John Cage）等。（Museud' Art Contemporani de Barcelona，简称MACBA；☎93 481 33 68；www.macba.cat；Plaça dels Àngels 1；成人/优惠/12岁以下 €10/8/免费；⏰周一、周三至周五11:00~19:30，周六10:00~21:00，周日和假日10:00~15:00；Ⓜ Universitat）

巴塞罗那当代文化中心

建筑

3 见78页地图，B2

这是一个由礼堂、展览空间和会议厅组成的综合建筑群，于1994年开放。其前身是一个18世纪的救济院Casa de la Caritat。庭院一侧有一面巨大的玻璃墙，十分壮观。文化中心的4个独立展区共包括4500平方米的展览空间，轮流举办不同的展览、电影巡展和其他活动。（Centre de Cultura Contemporània de Barcelona，简

当地生活

中世纪奇观

高迪是在**圣克鲁老医院**（Antic Hospital de la Santa Creu；Former Hospital of the Holy Cross；☎93 270 16 21；www.bcn.cat；Carrer de l' Hospital 56；⏰周一至周五9:00~20:00，周六至14:00；Ⓜ Liceu）去世的。如今这里是加泰罗尼亚国家图书馆、一所艺术学校和加泰罗尼亚研究所（Institute for Catalan Studies）的所在地。参观那些宽阔哥特式石拱底下的大型阅览室，那里还有临时展览。带有柱廊的庭院赏心悦目，不过似乎有点破败。这里还有一家咖啡馆，很受欢迎。

独家贴士

艺术之旅通行证

对于艺术爱好者而言，巴塞罗那性价比最高的东西就是**Articket BCN**（www.articketbcn.org；€30），持有该票可进入6家博物馆，费用只有单独购票的几分之一。这些博物馆包括：巴塞罗那现代艺术博物馆、巴塞罗那当代文化中心、安东尼·塔皮埃斯基金会美术馆（Fundació Antoni Tàpies）、米罗基金会美术馆（Fundació Joan Miró）、加泰罗尼亚国家艺术博物馆（Museu Nacional d' Art de Catalunya）、毕加索博物馆。

称CCCB；☎93 306 41 00；www.cccb.org；Carrer de Montalegre 5；成人/优惠/12岁以下 1场展览 €6/4/免费，2场展览 €8/6/免费，周日15:00~20:00免费；⏲周二至周日11:00~20:00；Ⓜ Universitat）

坎普圣保罗教堂

教堂

4 见78页地图，B5

罗马式建筑在这座城市的最佳代表作就是这座教堂里雅致的小回廊。这座12世纪教堂位于一个有些陈旧的花园内，主入口处有一些西哥特式的雕塑。（Església de Sant Pau del Camp；☎93 441 00 01；Carrer de Sant Pau 101；成人/优惠 €3/2；⏲周一至周六10:00~13:00和16:00~19:00；Ⓜ Paral·lel）

就餐

El Colectivo

咖啡馆 €

5 见78页地图，B2

El Colectivo位于拉巴尔区的一条安静街道，提供出类拔萃的蛋糕（胡萝卜、菠萝口味，应有尽有）、颇具创意的bocadillos（馅料面包）和精美咖啡。靠窗座位非常适合观赏街景，装饰朴素简单，设有单排木质餐桌。周四和周五提供西班牙小吃。（☎93 318 63 80；Carrer del Pintor Fortuny 22；bocadillos €4起；⏲周一至周三9:00~21:00，周四9:00至午夜，周五和周六9:00至次日2:00；📶；Ⓜ Catalunya）

Mam i Teca

加泰罗尼亚菜 €€

6 见78页地图，B3

Mam i Teca面积不大，只有几张餐桌，既是饭馆，又代表了一种生活方式。当地人会顺路走进来在吧台附近闲逛一圈，厨师会呈上用当地出产的食材烹饪的加泰罗尼亚菜品，这些菜都坚守着“慢食”原则。可以尝试橄榄油煎鳕鱼配大蒜和红辣椒，或猪肋排配鹰嘴豆。（☎93 441 33 35；Carrer de la Lluna 4；主菜 €9~12；⏲周一、周三至周五和周日13:00~16:00和20:00至午夜，周六20:00至午夜；Ⓜ Sant Antoni）

Flax & Kale

素食 €€

7 见78页地图，A2

Flax & Kale堪称独“素”一帜，菜品选择多且富有创意。这里提供不含谷蛋白的菜肴和素食餐饮，菜品包括鳄梨酱、茄

手撕猪肉玉米卷

子、香菇和腰果酸奶玉米卷，或槟城红咖喱。（93 317 56 64；www.teresacarles.com；Carrer dels Tallers 74；主菜 €12.50~16.50；10:00~23:30；；Universitat）

Caravelle

各国风味 €€

8 见78页地图，B3

这里深受拉巴尔区时尚达人以及任何口味挑剔的人的喜爱。这里有你从来没吃过的墨西哥玉米卷（鳕鱼、青柠蛋黄酱和小萝卜，以及去骨猪肉配烤玉米和鳄梨），以及超赞的牛排三明治（将牛排和腌块根芹夹在自制的奶油蛋糕卷上制成），还有各种美国南部风味美食。（93 317 98 92；www.caravelle.es；Carrer del Pintor Fortuny 31；主菜 €10~13；周一9:30~17:30，周二至周五9:30至次日1:00，周六10:00至次日1:00，周日10:00~17:30；Liceu）

Suculent

加泰罗尼亚菜 €€

9 见78页地图，C4

米其林星级大厨卡尔斯·艾伯伦（Carles Abellan）用这家老式小酒馆扩张了自己在餐饮界的地盘。这里有顶级的加泰罗尼亚美食，从鳕鱼羹到牛尾炖松露甘薯，都只使用上等的食材，所以要做好心理准备，价格会有点贵，不过这里是品尝地区特色美食的绝佳地点。（93 443 65 79；www.suculent.com；Rambla del Raval 43；主菜 €13~21；周三至周日13:00~16:00和20:30~23:30；Liceu）

Dos Trece

各国风味 €€

10 见78页地图，B3

Dos Trece是个享用早午餐（也有素食和严格素食）和夜宵的绝佳地点，早午餐全天供应。菜品从多汁的汉堡到更加精美的羊排应有尽有，酒吧则提供各种各样的鸡尾酒。这里还有一些室外餐桌，紧邻儿童游乐场。（93 301 73 06；www.dostrece.es；Carrer del Carme 40；主菜 €10~15；10:00至午夜；；Liceu）

饮品

La Confitería

酒吧

11 见78页地图，B5

直到20世纪80年代，这里都还是一

家糖果店。如今虽然原先的橱柜里摆满了各种酒，但在将其改造成一个休闲酒吧的过程中，外观基本上保持了原样。华灯初上时这里比较安静，可以好好品尝一杯苦艾酒（€3；添加自带苏打水）。（Carrer de Sant Pau 128；⌚周一至周四19:30至次日2:30，周五18:00至次日3:30，周六17:00至次日3:30，周日12:45至次日2:45；Ⓜ Paral·lel）

Casa Almirall

酒吧

12 见78页地图，A3

自开业以来，这家街角酒吧的幽暗和有趣从未改变，你会在这里见到现代主义风格装饰和形形色色的客人。这里有一些很有价值的古董，如大理石柜台和1888年巴塞罗那世博会上的缪斯女神铸铁雕像。（www.casaalmirall.com；Carrer de Joaquín Costa 33；⌚周一至周四18:00至次日2:30，周五18:30至次日3:00，周六正午至次日3:00，周日正午至次日00:30；Ⓜ Universitat）

El Drapaire

酒吧

13 见78页地图，B2

精酿啤酒行业的扩张让这里焕发生机，提供13种桶装啤酒，包含各种西班牙和外国品牌。还提供西班牙小吃、盘装奶酪以及熟食。（☎607 466446；Carrer de les Sitges 11；⌚周日至周四17:00至次日1:00，周五和周六至次日2:00；Ⓜ Catalunya）

Bar Pastís

酒吧

14 见78页地图，D4

这个小而拥挤的酒吧以法国卡巴莱歌

STEFANO POLITI MARKOVINA/ALAMY STOCK PHOTO ©

Bar Pastís

舞（常以Piaf作为背景音乐）为主题。你需要在21:00之前到达才有可能占到座位，以靠近吧台或是实现其他目的。这里有时会在夜晚推出现场表演，通常就是法国香颂。（www.barpastis.com；Carrer de Santa Mònica 4；⌚19:30至次日2:00；Ⓜ Drassanes）

Marmalade

酒吧

15 见78页地图，B3

这个背光式酒吧兼餐厅有各种独立空间，装饰成不同的风格，但都同样奢华。紧邻吧台的地方还有一个水池。鸡尾酒是这里的重头戏，其中一些还实行€5畅饮一整晚的政策。（www.marmaladebarcelona.com；Carrer de la Riera Alta 4-6；

⌚周一至周三18:30至次日2:30，周四至周日10:00至次日2:30；Ⓜ Sant Antoni）

Moog 夜店

16 见78页地图，D4

这里深受本市居民喜爱。DJ就在主舞台播放浩室音乐、科技音乐和电子音乐。楼上的位置可以欣赏动听的独立音乐，有时还有古典-流行音乐回顾。你需要支付€5才能入场。（www.masimas.com/moog；Carrer de l' Arc del Teatre 3；⌚周一至周四和周日午夜至次日5:00，周五和周六至次日6:00；Ⓜ Drassanes）

娱乐

Gipsy Lou 现场音乐

17 见78页地图，A3

来这里的客人主要是为了欣赏现场音乐，有伦巴舞曲、流行音乐、弗拉明戈舞曲。酒吧有时还有讲故事活动，以及店主Felipe推出的她喜欢的其他节目。精美酒吧小吃和本店特色皮斯科酸酒会陪你度过漫漫长夜。（www.gipsylou.com；Carrer de Ferlandina 55；⌚周日至周四20:00至次日2:30，周五和周六20:00至次日3:00；Ⓜ Sant Antoni）

购物

Fantastik 工艺品

18 见78页地图，A2

这家丰富的商店展出400多件物品，包括一个墨西哥skull rattle以及来自南非的再生塑料斑马。商店从墨西哥、印度、保加利亚、俄罗斯、塞内加尔以及其他20多个国家采购物品。（☎93 301 30 68；www.fantastik.es；Carrer de Joaquín Costa 62；⌚周一至周五11:00~14:00和16:00~20:30，周六正午至21:00；Ⓜ Universitat）

Holala! Plaza 时装

19 见78页地图，B2

这个伊比萨岛（Ibiza）舶来品店背靠Carrer de Valldonzella，那里还有一个现代艺术展览厅。店铺的灵感来自伊比萨岛历史悠久的嬉皮文化。主要售卖二手服装，还有一系列不拘一格的展览和活动。（www.holala-ibiza.com；Plaça de Castella 2；⌚周一至周六11:00~21:00；Ⓜ Universitat）

当地生活

前卫电影院

加泰罗尼亚电影资料馆（Filmoteca de Catalunya；☎93 567 10 70；www.filmoteca.cat；Plaça de Salvador Seguí 1-9；成人/优惠 €4/3；⌚周二至周日 放映室 17:00~22:00，售票处 10:00~15:00和16:00~21:30；Ⓜ Liceu）成立不满10年，设计十分精巧。这里有一个双屏电影院，还有阅览室、书店、咖啡馆和展览室。这里展映的作品独一无二，从晦涩难懂的文艺作品到欧美导演巨匠的经典作品，应有尽有。

探索

海岸区和城堡公园

海岸区（La Ribera）包含巴塞罗那最为迷人的区域之一——博恩区（El Born）。作为这座古老城镇中世纪时期的核心地带，树木繁茂的博恩大道（Passeig del Born）仍旧熙攘热闹，充斥着酒吧、餐厅和精品店。海岸区更具吸引力的还有毕加索博物馆、巴塞罗那最雄伟的哥特式教堂、一个精彩绝伦的市场和巴塞罗那市区规模最大的公园。

一日游行程

为了避开拥挤的人群，早点到达**毕加索博物馆**（见86页），然后参加**加泰罗尼亚音乐宫**（见96页）的导览游，尽情欣赏现代主义风格建筑的精妙和奇特。在**圣卡特利纳市场**（见96页）采购食品后去**城堡公园**（左图；见96页）野餐的安排是不二之选。

午餐之后，游览公园，坐在教堂的长凳上，欣赏**海之圣母玛利亚教堂**（见90页）的宏伟和雅致。教堂外面同样非常漂亮，去我们心目中的最佳观景地点**La Vinya del Senyor**（见101页）吧，可以在这里等待夜幕降临。

博恩区餐饮业发达，不过还是先去气氛欢乐的**Cal Pep**（见93页）品尝西班牙小吃，然后再到**El Atril**（见99页）享用各国创意美食。晚餐之后，到**Rubí**（见101）小酌一番。

想体验博恩区当地人的美好夜晚，见92页。

顶级景点

毕加索博物馆（见86页）

海之圣母玛利亚教堂（见90页）

当地生活

博恩区西班牙小吃和泡酒吧（见92页）

巴塞罗那最佳

西班牙小吃

Bormuth（见98页）

El Xampanyet（见92页）

Cal Pep（见93页）

Euskal Etxea（见93页）

Bar del Pla（见93页）

酒吧

Rubí（见101页）

La Vinya del Senyor（见101页）

Juanra Falces（见102页）

到达和离开

Ⓜ **地铁** Jaume I站（4号线）位于博恩区西南，这里做什么都方便。

Ⓜ **地铁** Urquinaona站（1号线和4号线）前往加泰罗尼亚音乐宫非常方便，Arc de Triomf站（1号线）前往城堡公园（Parc de la Ciutadella）非常方便。

顶级景点

毕加索博物馆

巴勃罗·毕加索（Pablo Picasso）旅居巴塞罗那多年，理所当然的，巴塞罗那开设了全球首屈一指的毕加索博物馆，追溯这位艺术家的成长历程及其天赋。那些令他名声大噪的立体主义画作基本遗失殆尽，即便如此，这里仍然堪称世界一流的画廊，展示了毕加索的绘画生涯。这里原是5座相邻的中世纪岩石宅邸，现在已经合为一体，建筑本身就是鬼斧神工的艺术品。

见94页地图，D3

www.museupicasso.bcn.cat

Carrer de Montcada 15-23

成人/优惠/儿童 所有展品€14/7.50/免费，永久收藏€11/7/免费，临时展览 €4.50/3/免费

周二、周三和周五至周日9:00~19:00，周四至21:30

M Jaume I

毕加索博物馆的回廊

不要错过

少年画家

1号和2号展室 首先展出了毕加索早在马拉加(Málaga)和拉科鲁尼亚(La Coruña)时期(1893~1895年)的素描和油画作品。随后展示了他在巴塞罗那的艺术成长历程。一些自画像和父母肖像(可追溯至1896年)充分证明了他早熟的天分。其中,1896年画于马拉加的《姑妈佩帕画像》(*Retrato de la Tía Pepa*),显示出其令人难以置信的画笔功力以及刻画人物的能力——当时他才15岁。

巴塞罗那时期

3号和5号展室 毕加索早期的努力成果勾勒出一个追求独立风格的少年天才形象。3号展室的《科学与慈善》(*Ciència i Caritat*;创作于1897年,其时毕加索16岁)证明,如果毕加索愿意,他将会成为一名出色的传统画家。5号展室展品包括他对委拉斯开兹(Velázquez)和格列柯(El Greco)绘画风格的习作,有趣、深入地揭示了一个追求技艺完善的画家的故事。

加泰罗尼亚先锋派

4号展室 逗留Horta de Sant Joan一段时间之后,毕加索返回巴塞罗那,加入"加泰罗尼亚先锋派"(Catalan avant-garde)。《颓废诗人》(*Poeta Decadente*)画的就是他的新朋友约姆·萨巴特(Jaume Sabartés),萨巴特后来成为毕加索的终身好友之一,也是毕加索作品的民间宣传者。

☑ 独家贴士

- 理解这个画廊的存在价值:一次引人入胜的旅程,可以深入了解毕加索早期作品,不过几乎看不到一件立体主义代表作。
- 上网购票,避免排队。
- 周日15:00以后和每月第一个周日免费。
- 购买Articket BCN(参考方框内介绍,见80页),只需€30就能进入这里,以及其他5个博物馆。

吃喝落脚点

在1934年毕加索进行最后一次巴塞罗那之行时,El Xampanyet(见92页)已经开业5个年头,现在仍然以西班牙小吃闻名。

Bar del Pla(见93页)历久弥新,主要提供稍加改良的传统西班牙小吃,沿着Carrer de Montcada往西北方向走,很快就到了。

蓝色时期

8号展室 立体主义带他突破未知的创作边界之前，毕加索经历了人生第一次主题创新——蓝色时期（Blue Period）。这个时期从1901年持续到1904年，刚好就是他在巴塞罗那生活的最后几年。夜幕般深蓝色调的《巴塞罗那的屋顶》（*Terrats de Barcelona*）阴冷而忧郁，却非常生动。

粉红时期

9号展室 色调柔和的蓝色时期结束之后，粉红时期（Rose Period）拉开序幕，毕加索的调色板开始充满粉红和橙黄等暖色，这一特征在1905年显现。滑稽演员、马戏演员和杂技演员出现在这一时期的作品之中。《滑稽演员》（*Arlequí*）虽然作于粉红时期末期，却是这个时期颜色鲜艳的绘画作品的典型代表。

早期立体主义

11号展室 毕加索这一时期的杰出代表作并不在这里。到了1917年，他的立体主义风格喷涌而出。1917年他在巴塞罗那的半年里，创作出了*Passeig de Colom*和*Blanquita Suárez*，充分印证了他之后绘画风格的走向。这里另外一幅出色作品就是静物画*Glass and Tobacco Packet*，形象简单迷人。

毕加索博物馆 Museu Picasso

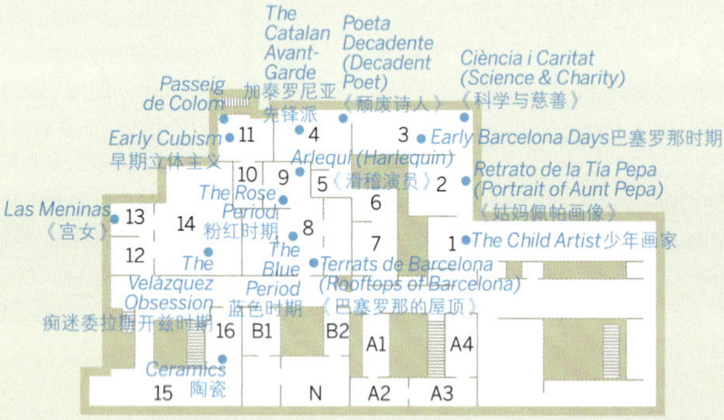

了解当地

博物馆历史

据说，这个博物馆是由毕加索本人提议修建的。1960年，他对一个巴塞罗那当地人，也是他的好友兼私人秘书——约姆·萨巴特（Jaume Sabartés）提出建造博物馆的想法。3年后，“萨巴特收藏馆”（Sabartés Collection）开业了，因为冠以毕加索名字将会遭到审查——毕加索反对佛朗哥（Franco）政权人所共知。我们今天看到的毕加索博物馆开放于1983年，随着萨尔瓦多·达利（Salvador Dalí）和Sebastià Junyer Vidal等人的捐赠，博物馆规模逐渐扩大。不过，大多数艺术作品都是毕加索本人的遗赠。毕加索死后，他的遗孀贾克琳·罗珂（Jacqueline Roque）也捐出了41件陶瓷作品和画作《带软帽的妇人》（*Woman with Bonnet*）。

痴迷委拉斯开兹时期

12号至14号展室 毕加索受到艺术巨匠的影响程度通过这些展室对外展示，包含58件非同寻常的习作，临摹的委拉斯开兹的代表作《宫女》（*Las Meninas*；展于马德里的普拉多博物馆），以及1957年在戛纳的画作，这些作品会让你充分了解毕加索的立体主义风格。

陶瓷

15号展室 毕加索博物馆还有一个特色：展示其他形式、少有人知的毕加索作品。最后几个展室展出了一些雕刻作品和大约40件陶瓷作品。毕加索一生才如泉涌，这些作品均属其后期作品。你会看到典型的毕加索陶瓷绘画作品，譬如，绘有鱼、猫头鹰和其他动物形象的碗碟，线条简练。

顶级景点

海之圣母玛利亚教堂

无论是谁都会由衷赞叹海之圣母玛利亚教堂的至臻至美。作为巴塞罗那最吸引人的哥特式建筑，这个教堂安静地矗立于博恩区的人群和建筑之中。相比附近拥挤交错的街道，教堂主殿充满光亮，并富于空间感。教堂内部采用石头结构，几乎完美无瑕，并与大教堂和神圣家族教堂齐名，深受游客青睐。

见94页地图，D4

93 310 23 90

www.santamariadelmarbarcelona.org

Plaça de Santa Maria del Mar

含导览游 13:00~17:00 €8

9:00~20:00

M Jaume I

海之圣母玛利亚教堂的屋顶

不要错过

主神殿

这座14世纪的教堂建设迅速——只用了59年，教堂风格统一、结构对称，还有两个侧翼通道，这在欧洲大型教堂之中首屈一指。颀长、八角形立柱营造出一种强烈的横向空间感觉，教堂内部沐浴在透过彩色玻璃的光芒之中。

屋顶和小礼拜堂

在1909年以及1936年无政府主义者两次摧毁教堂内部之前，海之圣母玛利亚教堂一直朴实无华。曾经胜过许多西班牙教堂的镀金小礼拜堂不复存在，中殿上的绚烂色彩使用精妙，堪称非比寻常、赏心悦目。这一切都凸显了教堂的比例合理、线条干净以及空间感强烈的特征。

搬运工人

仔细观察主神殿那些石块。教堂建设期间，本市的搬运工人(bastaixos)每周都有一天会将石块从蒙特惠奇山的皇家采石场背到建筑场地。主门上的浮雕和教堂内的石刻描述了这些搬运工人的工作场景，提醒世人这是一座人民的教堂。

英雄公墓

在教堂南侧对面，一团永恒的火焰在一个洼地广场上熊熊燃烧。这就是英雄公墓(El Fossar de les Moreres)。1714年9月，正值西班牙王位继承战争期间，巴塞罗那围困战以失败告终，加泰罗尼亚的抵抗烈士们埋葬于此。

☑ 独家贴士

- 参加导览游(13:00~17:00)游览屋顶平台和地下室(€8)。
- 朝圣者应尽量赶在19:30的每日弥撒之前到达。
- 去礼品店咨询晚间巴洛克音乐演奏会的安排。

吃喝落脚点

在Bubó(见93页)的户外餐桌找个座位，一边品味西班牙小吃和饮品，一边观赏教堂西侧外立面。

坐在La Vinya del Senyor(见101页)的两张阳台餐桌都可以一边吃喝一边欣赏教堂景色。

当地生活
博恩区西班牙小吃和泡酒吧

如果有个地方浓缩了巴塞罗那持久魅力的精髓、集中反映巴塞罗那不可抗拒的吸引力，那它一定就是博恩区，即海之圣母玛利亚教堂附近纵横交错的这片街区。原因特别简单：当地人会来这里享受真实的巴塞罗那夜生活。

❶ 博恩大道

博恩区夜生活中心，也是一切活动中心，就是博恩大道，这是欧洲景色最美的小街之一。可以坐在街边，亦可漫步游览。树荫之下，环境雅致，博恩区核心吸引力在此凸显：游人如织，酒吧出色，建筑仿似出自中世纪电影场景。

❷ 加泰罗尼亚西班牙小吃

穿过人群，到**El Xampanyet**（☎93

319 70 03; Carrer de Montcada 22; ⏲周二至周六正午至16:00和19:00~23:00，周日正午至16:00; Ⓜ Jaume I）品尝cava和各种各样西班牙小吃。这是巴塞罗那名气最大的cava餐吧之一，从1929年营业至今。推荐醋浸凤尾鱼（boquerones en vinagre），还有采用加泰罗尼亚传统罐装的一流海鲜。

❸ 巴斯克美食

初步了解巴塞罗那风格西班牙小吃之后，再到**Euskal Etxea**（☎93 310 21 85; Placeta de Montcada 1; 西班牙小吃 €1.95; ⏲周日至周四10:00至次日00:30，周五和周六至次日1:00; Ⓜ Jaume I）尝试这里琳琅满目的pintxos（巴斯克西班牙小吃，小份食物放在小块面包上）。这是圣塞巴斯蒂安（San Sebastián）的典型特色。

❹ 创意西班牙小吃

来到博恩区北部边缘，定会不虚此行。进入氛围轻松的**Bar del Pla**（☎93 268 30 03; www.bardelpla.cat; Carrer de Montcada 2; 主菜 €12~16; ⏲周一至周四正午至23:00，周五和周六至午夜; Ⓜ Jaume I），一眼望去，那些西班牙小吃似乎毫无新意，但是即兴创意做法则显示出其与众不同。品尝一下火腿和烤肉丸子，或者腌制鲑鱼、酸奶和芥菜。

❺ 观景和西班牙小吃

返回博恩区中心地带，海之圣母玛利亚教堂一侧有糕点厨师Carles Mampel经营的**Bubó**（☎93 268 72 24; www.bubo.es; Carrer de les Caputxes 6 & 10; 西班牙小吃 €5起; ⏲周一至周四和周日10:00~21:00，周五和周六至23:00; Ⓜ Barceloneta）。如果还没吃饱，那就在向迷人广场延伸的户外餐桌找个座位，品尝一下盐渍鳕鱼丸子。

❻ 历史悠久的知名店面

喧嚣嘈杂的**Cal Pep**（☎93 310 79 61; www.calpep.com; Plaça de les Olles 8; 主菜 €13~20; ⏲周一19:30~23:30，周二至周六13:00~15:45和19:30~23:30，8月最后3周歇业; Ⓜ Barceloneta）是巴塞罗那历史最久的知名店面之一。要想抢占一个高脚凳，然后点些美味酒吧小吃［例如火腿蛤蜊（cloïsses amb pernil）］可能并不容易，如果客满，那就要杯酒水在一旁耐心等待。

❼ 博恩区最受青睐酒吧

El Born Bar（☎93 319 53 33; Passeig del Born 26; ⏲周一至周六10:00至次日2:00，周日正午至次日1:30; 📶; Ⓜ Jaume I）不费吹灰之力就笼络了各色客人，包括全城出色的30岁左右的人，以及喜好评论博恩大道来往行人的当地人。它持久的魅力来自精选啤酒、烈酒，以及肉馅饼（empanadas）和其他小吃。

❽ 莫吉托酒收尾

巴塞罗那的夜生活多以莫吉托酒（Mojito）收尾，博恩区莫吉托酒品种最多、品质最佳的地点当属**Cactus Bar**（☎93 310 63 54; www.cactusbar.cat; Passeig del Born 30; ⏲15:00至次日3:00; Ⓜ Jaume I）。毗邻博恩大道的户外餐桌是个夜间放松的好地方。

A
B
C
D
1
2
3
4
5
C de Trafalgar
Ptge de Sert
C d'Ortigosa
C de Sant Pere més Alt
C d'en Mònec
C de Sant Pere Mitjà
C de Sant Pere més Baix
C d'en Llàstics
C dels Metges
C de Jaume Giralt
C del Portal Nou
C del Comerç
Plaça de Sant Agustí Vell
C d'en Tantarantana
C dels Carders
C d'Allada Vermell
Plaça d'Allada i Vermell
C del Fonollar
C d'en Giralt i Pellisser
Palau de la Música Catalana
加泰罗尼亚音乐宫
1
C del Palau de la Música
C de Verdaguer i Callís
Via Laietana
C del Dr Joaquim Pou
LA RIBERA
海岸区
Av de Francesc Cambó
2
Mercat de Santa Caterina
圣卡特利纳市场
C de les Freixures
C de Colomines
C dels Corders
C dels Assaonadors
Plaça d'Antoni Maura
C dels Mercaders
Plaça de Ramon Berenguer el Gran
Museu Picasso
毕加索博物馆
C de Montcada
Fundació Gaspar
加斯帕尔基金会
4
Museu de Cultures del Món
莫恩文化博物馆
5
Av de la Catedral
C de la Tapineria
Plaça de la Seu
C de Santa Llúcia
Plaça de Sant Iu
Plaça Nova
Plaça del Rei
C dels Comtes
8
C de la Bòria
C de la Princesa
12
C dels Banys Vells
C dels Sombrerers
C dels Mirallers
17
Plaça de l'Àngel
Jaume I
C Vigatans
C de l'Argenteria
Basílica de Santa Maria del Mar
海之圣母玛利亚教堂
14
BARRI GÒTIC
哥特区
C del Bisbe
C de la Llibreteria
C de Jaume I
C del Sotstinent Navarro
Via Laietana
C de Manresa
C de Basea
C de la Nau
C dels Canvis Nous
Plaça de Sant Just
C dels Lledó
CIUTAT VELLA
18
C dels Agullers
11
9
详细介绍请见
顶级景点 86页
景点 96页
就餐 98页
饮品 101页
娱乐 102页
购物 102页

E
F
G
H
0 200 m
0 0.1 miles
1
2
3
4
5
Pg de Lluís Companys
Pg de Pujades
Pg de Picasso
C de la Princesa
C de la Fusina
Born Centre de Cultura i Memòria
3
C Comercial
7
15
Plaça Comercial
C dels Flassaders
10
13
19
16
C de la Ribera
Av del Marquès de l'Argentera
C del Comerç
C Antic de Sant Joan
C del Rec
Pg del Born
C de Montcada
C de l'Espaseria
C Rera Palau
6
C de Santa Maria
Pla del Palau
Pg d'Isabel II
LA RIBERA
海岸区
Zoo de Barcelona
巴塞罗那动物园
Pg de Circumval·lació
Estació de França
C d'Ocata
C de la Marquesa
C del Doctor Aiguader
Ronda del Litoral
Barceloneta
LA BARCELONETA
小巴塞罗那区

景点

加泰罗尼亚音乐宫 建筑

1 见94页地图，A2

这座音乐厅是巴塞罗那现代主义建筑的巅峰之作，一曲由瓷砖、砖块、刻文石头和彩色玻璃合奏而成的交响乐。音乐厅建于1905~1908年，由多梅内克·蒙塔内尔（Domènech i Montaner）为Orfeo Català音乐协会所建。它被视为加泰罗尼亚文艺复兴的一个圣地。（Palau de la Música Catalana; 93 295 72 00; www.palaumusica.cat; Carrer de Palau de la Música 4-6; 成人/优惠/儿童€18/11/免费; 导览游10:00~15:30，复活节、7月和8月至18:00; M Urquinaona）

圣卡特利纳市场 市场

2 见94页地图，C3

来到这个造型独特的农贸市场给你的西红柿买点配菜吧。这座市场由恩里克·米拉耶斯（Enric Miralles）和贝娜蒂塔·塔格利亚布（Benedetta Tagliabue）设计，以取代19世纪修建的老市场。工程完工于2005年，最大的特点是熙熙攘攘的农货摊、餐馆、咖啡馆和酒吧上面万花筒般的波浪状屋顶，屋顶好像是由灰色铁树的柔软树枝交织而成的。（Mercat de Santa Caterina; 93 319 57 40; www.mercatsantacaterina.com; Avinguda de Francesc Cambó 16; 周一、周三和周六7:30~15:30，周二、周四和周五至20:30，7月和8月下午歇业; M Jaume I）

当地生活

公园漫步

风景秀丽的**城堡公园**（Passeig de Picasso; ; M Arc de Triomf）是当地最受青睐的休闲漫步地点。这里原是加泰罗尼亚地方议会、城市动物园、一些惹人注意的建筑和**纪念瀑布**的所在地。纪念瀑布由Josep Fontsère于1875~1881年修建，曾得到安东尼·高迪的协助。

Born Centre de Cultura i Memòria 历史建筑

3 见94页地图，E3

2013年，为纪念西班牙王位继承战争之中加泰罗尼亚失利三百周年，这个文化场馆大张旗鼓地开业了。场馆位于原先的博恩市场（Mercat del Born）内，那是一座漂亮的19世纪砖铁板条建筑。2001年为了给令人生厌的城堡（ciutadella）开道，完整的街道遗迹被发掘出来。如今，这些"地底"道路对外裸露展示。（93 256 68 51; http://elbornculturaimemoria.barcelona.cat; Plaça Comercial 12; 中心免费，展览区域成人/优惠/儿童 €6/4.20/免费; 3月至9月 周二至周日10:00~20:00，10月至次年2月 周二至周六10:00~19:00，周日至20:00; M Barceloneta）

加斯帕尔基金会

画廊

4 见94页地图，D4

加斯帕尔基金会位于毕加索博物馆隔壁一栋令人叹为观止的哥特式宫殿中。2015年11月开放，目的就是通过介绍未在这里展览过或探索新理念和风格的当代艺术家，引入更多作品，对本市其他画廊和博物馆加以补充。展览位于2楼，1楼设有一个雅致的庭院，你会在那里找到加斯帕尔咖啡馆（Café Gaspar）和一个专门出售特色艺术纪念品的商店。（Fundació Gaspar；93 887 42 48；www.fundaciogaspar.org；Carrer de Montcada 25；成人/优惠/12岁以下 €5/3/免费；周二、周三、周五至周日10:00~20:00，周四至21:30；M Jaume I）

莫恩文化博物馆

博物馆

5 见94页地图，D4

2015年，纳达尔宫（Palau Nadal）和马科德里奥宫（Palau Marquès de Llió）重新开放为世界文化博物馆（Museum of World Cultures），此前它们分别是巴碧尔-穆勒博物馆（Museu Barbier-Mueller）和纺织博物馆（Museu Tèxtil）的所在地。博物馆内的展品来自私人和公共收藏，其中不少藏品来自蒙特惠奇山的人类学博物馆（Museu Etnològic，

莫恩文化博物馆

见158页）。透过这些展品，你可以了解非洲、亚洲、美洲和大洋洲古文化。联票售价€12，除了这个博物馆，还可以进入埃及博物馆（Museu Egipci）和人类学博物馆。（Museu de Cultures del Món；☎93 256 23 00；http://museuculturesmon.bcn.cat；Carrer de Montcada 12；成人/优惠/儿童€5/3.50/免费，临时展览 €2.20/1.50/免费，周日15:00~20:00和每月第一个周日 免费；⏲周二至周六10:00~19:00，周日至20:00；Ⓜ Jaume I）

就餐

Paradiso

烟熏菜 €

6 见94页地图，E4

Paradiso就像电影《纳尼亚传奇》画面的倒放：门前一片雪白的空间，其面积略微大过衣橱，这本身就已经令人流连忘返。餐厅提供熏牛肉三明治、烟熏鸭和其他腌制美食，出自Rooftop Smokehouse团队之手。餐厅的餐车也非常有名。（☎639 310671；www.rooftopsmokehouse.com；Carrer de Rera Palau 4；主菜 €8；⏲鸡尾酒吧周日至周四19:00至次日2:00，周五和周六至次日3:00，熏牛肉吧 周日至周四正午至次日2:00，周五和周六至次日3:00；Ⓜ Barceloneta）

当地生活

知情人士去哪里吃鱼

虽然没有标记，但是当地人都知道去哪享用海鲜大餐。**Passadís del Pep**（☎93 310 10 21；www.passadis.com；Pla del Palau 2；主菜€19~24；⏲周一至周六13:15~15:45和20:30~23:30；Ⓜ Barceloneta）的食材每天从加泰罗尼亚海岸渔港运来。这里没有菜单，一切根据当天捕捞收获而定。沿着狭长、灯光昏暗的走廊前行，听凭饭店安排。

Bormuth

西班牙小吃 €

7 见94页地图，E3

2013年开业的Bormuth位于步行街Carrer del Rec，它的目标是进军传统西班牙小吃市场，但采用的是现代服务和装饰，提供所有传统特色美食——微辣番茄酱土豆块（patatas bravas）、俄罗斯沙拉（ensaladilla）、玉米薄饼——还有一些意想不到的、精心烹制的菜肴（尝尝黑布丁烤红椒）。（☎93 310 21 86；Carrer del Rec 31；西班牙小吃 €4起；⏲13:00至午夜；📶；Ⓜ Jaume I）

Cat Bar

严格素食 €

8 见94页地图，C4

这里麻雀虽小却五脏俱全，里面有一个素食厨房，提供精选的本地手工啤酒，偶尔还有现场音乐。菜品主打各种汉堡，包含无谷蛋白的当日特惠菜品，以及西班牙小吃和鹰嘴豆泥。啤酒定期更换，但是总有一种小麦啤酒、一种波特啤酒、一种无谷蛋白啤酒和一种IPA啤酒。（Carrer de

微辣番茄酱土豆块

la Bòria 17; 主菜 €6.50~8.50; ⏲周一至周三18:00~23:30, 周四至周六13:00~23:00; 📶 ✓; Ⓜ Jaume I)

El Atril

各国风味 €€

9 见94页地图, C2

老板Brenden是澳洲人, 餐厅汲取了全球各地的烹饪风味。因此, 在这里你不仅可以品尝到各种西班牙小吃(推荐辣土豆块, 自制的辣酱很不错), 也能找到袋鼠肉排、三文鱼和椰枣卷配马斯卡邦尼奶酪、炭烤火鸡配煎丝兰, 以及其他许多美味。(☎93 310 12 20; www.atrilbarcelona.com; Carrerdels Carders 23; 主菜 €11~15; ⏲周一至周四正午至午夜, 周五和周六至次日1:00, 周日11:30~23:30; 📶; Ⓜ Jaume I)

Casa Delfín

加泰罗尼亚菜 €€

10 见94页地图, E3

Casa Delfín是巴塞罗那享受美食的好地方, 你在这里可以找到加泰罗尼亚(和地中海)风味的所有美食。开胃菜选择气味扑鼻的甜西班牙大葱(calçots; 介于韭菜和洋葱之间, 仅在2月和3月供应)或者盐渍芝心西班牙青椒(padron peppers), 接着是烤沙丁鱼点缀荷兰芹, 最后用白葡萄酒和大蒜烤肥美的安康鱼收尾。(☎93 319 50 88; www.tallerdetapas.com; Passeig del Born 36; 主菜 €10~15; ⏲周日至周四8:00至午夜, 周五和周六至次日1:00; 📶; Ⓜ Barceloneta)

了解当地

加泰罗尼亚哥特式建筑

历史背景

13世纪，法国的哥特式建筑迅猛发展。与此同时，加泰罗尼亚帝国逐渐扩张，商业群体不断壮大、商业氛围更加浓郁，巴塞罗那财富稳步增长，可以负担大型建筑的巨额建设费用。

建筑风格也反映出建筑技艺的精进。天花板采用飞拱和肋架拱顶，建筑物更加高耸，而且似乎要比以前更加轻盈。尖拱成为标准设计，精美的圆花窗可令光线进入宽敞的内部。

加泰罗尼亚特色

加泰罗尼亚哥特式与北欧哥特式建筑大相径庭。前者装饰更加简朴，另外一个显著特点就是宽度胜过高度。北欧大教堂主要纵向发展，加泰罗尼亚哥特式建筑则横向发展，使拱形设计达到极限。

巴塞罗那历史博物馆（见62页）的蒂内尔厅（Saló del Tinell）有一排15米长的拱形（有史以来没有加固结构的最大拱形之一）支撑屋顶，是加泰罗尼亚哥特式的完美代表。另一个代表是海事博物馆（见110页）目前的所在地，在中世纪这里曾是巴塞罗那造船厂。加泰罗尼亚的教堂同样选择了稳健的外形和横向空间——进入海之圣母玛利亚教堂（见90页），就能立刻感受得到。

还有一点完全不同于北欧哥特式建筑，那就是很少出现尖顶和尖塔，加泰罗尼亚哥特式教堂的钟楼几乎都是平顶或者接近平顶的，少数的例外正好印证这一点。巴塞罗那大教堂的正面能够看到3个粗糙有节的尖顶，那种轮廓正好类似法国沙特尔教堂或德国科隆大教堂的样貌，但这是一座在19世纪新增的建筑，是根据现存的中世纪设计建造的。

巴塞罗那哥特式遗迹大多位于老城区之内，但是老城区之外也有一些，例如，闻名遐迩的佩德拉尔维斯修道院博物馆（Museu-Monestir de Pedralbes，见167页），位于萨里亚。

Nakashita

日本菜 €€

11 见94页地图，C1

关于这个餐厅，有一个独特的巴西移民故事。这就意味着这里可以提供精美的传统日本食物（巴西有大量的日本移民），巴西主厨绝非等闲之辈，烹制一流的生鱼片、寿司卷、软壳螃蟹和天妇罗（kakiage）。这是巴塞罗那顶级的日本餐厅之一，只有几张餐桌，最好预订。（☎93 295 53 78；www.nakashitabcn.com；Carrer del Rec Comtal 15；主菜 €15~20；⏰13:30~16:30和20:30至午夜；📶；Ⓜ Arc de Triomf）

饮品

Rubí

酒吧

12 见94页地图，D4

灯光温馨似闺房，莫吉托酒物美价廉，因此，Rubí成了博恩区内行人士饮酒的首选地点。这里狭小惬意——后面有几张很受欢迎的桌子，供应很棒的酒吧食物，从越南春卷到更传统的各式奶酪和火腿，任君挑选。（☎647 773707；Carrerdels Banys Vells 6；⏰周日至周四19:30至次日2:30，周五和周六至次日3:00；Ⓜ Jaume I）

Guzzo

鸡尾酒吧

13 见94页地图，E3

这个鸡尾酒吧时髦漂亮、氛围轻松，由深受欢迎的巴塞罗那DJ Fred Guzzo经营。他经常出现在露天平台，播放精心挑选过的悦耳动听的放克乐、灵魂乐和

SIQUI SANCHEZ/GETTY IMAGES ©

品尝葡萄酒和橄榄

灵歌爵士乐。经常推出品质稳定上乘的现场音乐表演，气氛总是非常酷。（☎93 667 00 36；www.guzzo.es；Plaça Comercial 10；⏰周二至周四18:00至次日3:00，周五和周六至次日3:30，周日正午至次日3:00；📶；Ⓜ Barceloneta）

La Vinya del Senyor

葡萄酒吧

14 见94页地图，D5

这家小酒吧在海之圣母玛利亚教堂的阴影围裹中，你可以在露台上惬意地休憩片刻，或在拥挤的室内喝上两杯。葡萄酒单的长度快赶上《战争与和平》了，楼上有一张桌子是专为那些按瓶而不是论杯喝酒的人而设。（☎93 310 33 79；www.

当地生活

忘忧水疗

灯光昏暗、芳香四溢，**巴塞罗那爱尔德温泉会馆**（Aire de Barcelona；☎93 295 57 43；www.airedebarcelona.com；Passeig de Picasso 22；温水浴和香薰疗法 周一至周四€31，周五至周日€33；⏰周一至周四和周日10:00~22:00，周五和周六10:00至次日2:00；Ⓜ Arc de Triomf）真是结束一天行程的完美地点。这里提供热浴、温浴、冷浴和各式按摩，包括热大理石板按摩。需提前预订，记得带上泳衣。

lavinyadelsenyor.com；Plaça de Santa Maria del Mar 5；⏰周一至周四正午至次日1:00，周五和周六正午至次日2:00，周日正午至午夜；📶；Ⓜ Jaume I）

Juanra Falces 鸡尾酒吧

15 见94页地图，E3

店名之前是琴蕾（Gimlet），现在当地人仍这么叫。穿白色马甲的酒保可以泰然自若地给你调上一杯琴蕾酒或者其他任何你想要的经典鸡尾酒（大约€10）。（☎93 310 10 27；Carrer del Rec 24；⏰周二至周六20:00至次日3:00，周日和周一22:00至次日3:00；Ⓜ Jaume I）

娱乐

加泰罗尼亚音乐宫 古典音乐

这座现代主义建筑杰作本身既是一场视觉盛宴，同时又是巴塞罗那举办古典音乐会和合唱表演最为传统的场所（参见1 见94页地图，A2）。弗拉明戈、流行乐、爵士乐都经常登上这里的舞台。休息室里的瓷片立柱闪闪发光，音乐会开场之前，可在此小酌一杯。（☎93 295 72 00；www.palaumusica.cat；Carrer de Palau de la Música 4-6；€15起；⏰售票处 周一至周六9:30~21:00，周日10:00~15:00；Ⓜ Urquinaona）

购物

Hofmann Pastisseria 食品

16 见94页地图，E4

这个小型糕点店采用木质刷漆橱柜，与著名的烹饪学校Hofmann有合作关系。可以选择美味的罐装巧克力、知名的羊角面包（口味多样）或者其他更加独特的糕点，还有各种蛋糕以及其他甜品可供选择。（☎93 268 82 21；www.hofmann-bcn.com；Carrer dels Flassaders 44；⏰周一至周四9:00~14:00和15:30~20:00，周日9:00~14:30；Ⓜ Barceloneta）

Casa Gispert 食品

17 见94页地图，D4

Casa Gispert采用木质门面，气氛很好。自1851年以来，一直烤制坚果并出售各种干果。货架上面堆放着装满了各种各样松脆美味的瓶子：一些是经过烤制

DIEGO LEZAMA/GETTY IMAGES ©

Loisaida

的，一些则是蜜制的，所有食物都令人胃口大开。点单及价格会通过喊话传达至收银台，完全采用老式记账方式。（☎93 319 75 35；www.casagispert.com；Carrer dels Sombrerers 23；⏰周一至周六10:00~14:00和16:00~20:00；Ⓜ Jaume I）

Vila Viniteca

酒类

18 见94页地图，D5

作为巴塞罗那最佳酒楼之一，Vila Viniteca自1932年以来一直致力于提供一流的国内和进口葡萄酒。11月的一些夜晚，这里会组织热闹喧嚣的品酒活动，地点就在Carrer dels Agullers和周边街巷。此时，西班牙各地酒庄会前来展示新品葡萄酒。（☎902 327777；www.vilaviniteca.es；Carrer dels Agullers 7；⏰周一至周六8:30~20:30；Ⓜ Jaume I）

Loisaida

服装、古玩

19 见94页地图，E3

Loisaida（西班牙式英语，意思是"下东区"）本身就是一处景观，位于原先皇家造币厂（Royal Mint）的马车房和马厩之内，是个看起来很大的商场。这里出售五颜六色、复古和校服式男女服装，还有人造珠宝饰品、20世纪40年代和50年代的音乐和一些令人垂涎的古董。（☎93 295 54 92；www.loisaidabcn.com；Carrer dels Flassaders 42；⏰周一至周六11:00~21:00，周日11:00~14:00和16:00~20:00；Ⓜ Jaume I）

探索

小巴塞罗那和海滩

巴塞罗那的海滨是城市的迷人一隅。在这里，前卫公共艺术和小巴塞罗那（Barceloneta）——18世纪的渔民区——的生动景象共存。小巴塞罗那的餐厅提供本市一流的海鲜和米饭，海滩向北方延伸。

一日游行程

首先前往**加泰罗尼亚历史博物馆**（见110页）了解加泰罗尼亚历史，接着乘坐**港口缆车**（见111页）返回欣赏海滨美景，之后去往西班牙顶级的**水族馆**（见110页）。

小巴塞罗那的午后活动基本围绕美食和海滩展开。想要寻觅美食，我们建议你前往**Kaiku**（见114页）或**La Cova Fumada**（见107页）开怀大吃小盘海鲜。饱餐一顿之后的最佳活动就是找一处海滩躺下，让你的注意力从小巴塞罗那转向奥林匹克港，甚至更远。

这个地区拥有许多绝佳的享用饮品的场所。充满节日氛围的**Can Paixano**（见106页）源源不断地提供cava（一种西班牙起泡酒），**Absenta**（见114页）和**Ké?**（见115页）则吸引了更加时尚的顾客。如想欣赏地中海景色，可以选择夏日**露天酒吧**（见114页）之一，在那儿你可以一边细品鸡尾酒一边用脚捣弄沙子。靠近奥林匹克港还有一排海滨酒吧，随着夜幕降临会明显呈现出夜店的氛围。

想体验当地人日常海滩生活的一天，见106页。

当地生活

小巴塞罗那的海滩和海鲜（见106页）

巴塞罗那最佳

海鲜餐馆

Barraca（见114页）

La Cova Fumada（见107页）

酒吧

Absenta（见114页）

Can Paixano（见107页）

Vaso de Oro（见107页）

露天酒吧（见114页）

到达和离开

M 地铁 Drassanes站（3号线）便于前往港口西南端，Barceloneta站（4号线）来往小巴塞罗那方便，Ciutadella Vila Olímpica站（4号线）则方便在海滩和奥林匹克港（Port Olímpic）活动。

公共汽车 17路、39路和64路公共汽车全部开往小巴塞罗那。

缆车 如果你从蒙特惠奇山过来，港口缆车（Teleférico del Puerto）就是最佳选择。

当地生活
小巴塞罗那的海滩和海鲜

小巴塞罗那是巴塞罗那在地中海沿岸的起源。这是一个海滨半岛，空气带着咸味，同大海关系持久而密切。来这里的当地人数量往往超过游客数量，至少周末如此。周末时，市内餐馆和海滩人满为患，也是以当地人为主。

❶ Cava爱好者

欢迎前来体验昔日巴塞罗那。没有哪里能比**Can Paixano**（☎93 310 08 39；Carrer de la Reina Cristina 7；⏰周一至周六9:00~22:30；Ⓜ Barceloneta）更加真实，这是巴塞罗那最佳老式cava酒吧之一。这个酒吧年代久远，用精致的小杯提供cava，你需要挤过人群来到吧台点单。

❷ 海滨风景

登上**加泰罗尼亚历史博物馆**顶层（无须购买门票），来到高雅的海鲜餐馆**1881**（☎93 221 00 50；www.sagardi.com；Plaça de Pau Vila 3；主菜€18~30；⏲周日至周四13:00至次日1:00，周五和周六 至次日3:00；📶；Ⓜ Barceloneta）。登上露天平台，可以欣赏码头上迷人的景色。

❸ 啤酒和明虾

如果喜欢人多热闹的酒吧，面带微笑、动作麻利的员工，以及琳琅满目的西班牙小吃和那种巴塞罗那数十年不曾改变的幻象，那么就去**Vaso de Oro**（☎933 19 30 98；www.vasodeoro.com；Carrer de Balboa 6；西班牙小吃€4~12；⏲正午至午夜；Ⓜ Barceloneta）吧。这里提供冰镇散装啤酒和美味可口的西班牙小吃（试试烤虾）。

❹ 海滨漫步

地铁并不通往小巴塞罗那的海滩，你只能沿着阳光明媚的海港步行街**胡安·鲍勃大道**（Passeig de Joan de Borbó）步行前往。当你沿着大街行走，能看到大型游艇在你右边轻轻晃动。

❺ 令人垂涎的西班牙小吃

没有招牌，环境绝对简陋低档，但是狭小的**La Cova Fumada**（☎93 221 40 61；Carrer del Baluard 56；西班牙小吃€4~8；⏲周一至周三9:00~15:20，周四和周五9:00~15:20和18:00~20:15，周六9:00~13:00；Ⓜ Barceloneta）总是客满。秘诀是什么？自然是在小型开放厨房里精心烹制的令人垂涎的小盘菜品。

❻ 热闹的市场

小巴塞罗那市场（Mercat de la Barceloneta；☎93 221 64 71；www.mercatdelabarceloneta.com；Plaça de la Font 1；⏲周一至周四和周六7:00~15:00，周五7:00~20:00；Ⓜ Barceloneta）里面有常规的新鲜蔬菜和海鲜大排档，还有提供优雅餐座的餐厅El Guindilla。不要错过街道对面的**Baluard Barceloneta**，那是本市最好的面包房之一。

❼ 代表性酒馆

Bar Leo（Carrer de Sant Carles 34；⏲正午至21:30；Ⓜ Barceloneta）是个小酒馆，贴满了已故安达卢西亚歌手Bambino的照片，还有一台点唱机专门播放弗拉明戈舞曲。Bar Leo是年轻人扎堆的地方。

❽ 巴塞罗那的海滩

没有哪个海滩能如此靠近这座全球最棒的城市。**圣塞巴斯提亚海滩**（Platja de Sant Sebastià）距离小巴塞罗那最近，略逊色于**小巴塞罗那海滩**（Platja de la Barceloneta），这两处海滩都宽阔而绵长。

❾ 奥林匹克港

一条1.25公里的步道沿着海滨通往餐馆林立的**奥林匹克港**（Port Olímpic）。从小巴塞罗那去这里的路上可以看到巨型铜雕《鱼》（*Peix*）。奥林匹克港北面就是**诺瓦伊卡里尔海滩**（Platja de Nova Icària）。

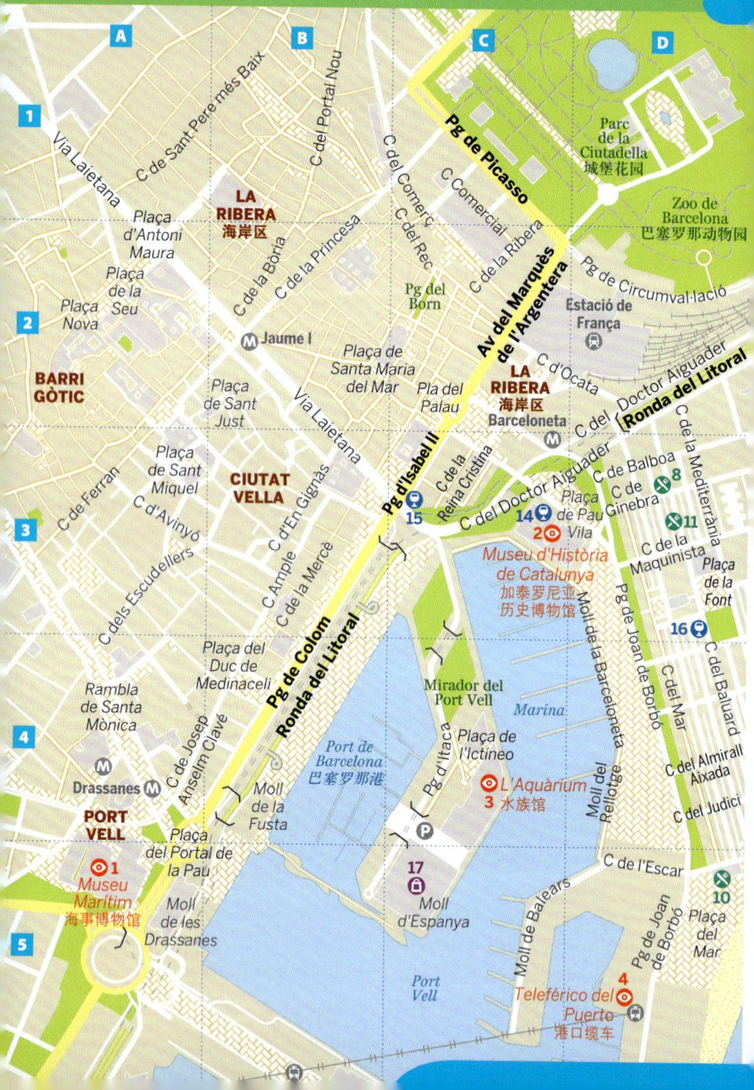
A
B
C
D
1
2
3
4
5
Via Laietana
C de Sant Pere més Baix
C del Portal Nou
C del Comerç
Pg de Picasso
Parc de la Ciutadella
城堡花园
Zoo de Barcelona
巴塞罗那动物园
LA RIBERA
海岸区
Plaça d'Antoni Maura
C de la Princesa
C Comercial
C del Rec
C de la Ribera
Plaça de la Seu
Plaça Nova
C de la Boria
Pg del Born
Av del Marquès de l'Argentera
Pg de Circumval·lació
Estació de França
Jaume I
BARRI GÒTIC
Plaça de Santa Maria del Mar
Pla del Palau
C d'Ocata
C del Doctor Aiguader
Ronda del Litoral
Plaça de Sant Just
Barceloneta
Plaça de Sant Miquel
CIUTAT VELLA
C de Ferran
C d'Avinyó
C d'En Gignàs
Pg d'Isabel II
C de la Reina Cristina
C de Balboa
8
C de Ginebra
C de la Mediterrània
15
14
Plaça de Pau Vila
11
2
Museu d'Història de Catalunya
加泰罗尼亚历史博物馆
C de la Maquinista
Plaça de la Font
C dels Escudellers
C Ample
C de la Mercè
Moll de la Barceloneta
Pg de Joan de Borbó
C del Mar
16
C del Baluard
Plaça del Duc de Medinaceli
Pg de Colom
Ronda del Litoral
Mirador del Port Vell
Marina
Rambla de Santa Mònica
C de Josep Anselm Clavé
Port de Barcelona
巴塞罗那港
Pg d'Ítaca
Plaça de l'Ictíneo
L'Aquàrium
3 水族馆
Moll del Rellotge
C del Almirall Aixada
C del Judici
Drassanes
PORT VELL
Moll de la Fusta
Plaça del Portal de la Pau
1
Museu Marítim
海事博物馆
Moll de les Drassanes
17
Moll d'Espanya
C de l'Escar
10
Moll de Balears
Pg de Joan de Borbó
Plaça del Mar
Port Vell
4
Teleférico del Puerto
港口缆车

E
F
G
H
1
2
3
4
5
C de Wellington
Universitat Pompeu Fabra
Parc de Carles I
C de Moscou
Ciutadella Vila Olímpica
C de Salvador Espriu
Av del Litoral
Plaça dels Voluntaris
Moll de Mestral
Moll de Gregal
Port Olímpic
奥林匹克港
C de Ramon Trias Fargas
C de la Marina
Pg de Circumval·lació
Ronda del Litoral
Av del Litoral
C de Trelawny
Pg Marítim de la Barceloneta
Platja de la Barceloneta
小巴塞罗那海滩
Pg de Salvat Papasseit
Parc de la Barceloneta
C d'Andrea Dòria
LA BARCELONETA
小巴塞罗那区
6
9
C de Guitert
C de Sant Carles
13
12
C de l'Almirall Cervera
Platja de Sant Sebastià
圣塞巴斯提亚海滩
Mediterranean Sea
地中海
5
7
Molokai SUP Center
莫洛凯直立板划水中心
Platja de Sant Miquel
0 400 m
0 0.2 miles
详细介绍请见
景点 110页
就餐 112页
饮品 114页
购物 115页

景点

海事博物馆

博物馆

1 见108页地图，A5

这些威严的哥特式船坞遮蔽着海事博物馆，它是来自巴塞罗那海上帝国时代的非凡遗物。亮点包括一个等比例的唐·胡安（Don Juan）的16世纪奥地利旗舰复制品（20世纪70年代制作）、渔船、古代航海地图和巴塞罗那海滨地区的实景模型。（Museu Marítim；☎93 342 99 20；www.mmb.cat；Avinguda de les Drassanes；成人/儿童€7/3.50，周日15:00~20:00免费；⏲10:00~20:00；Ⓜ Drassanes）

> **独家贴士**
>
> **海滨骑行**
>
> 海滨自行车道全长4公里，从小巴塞罗那延伸至论坛公园（Parc del Fòrum），沿途海风轻拂，非常适合骑行。途中的露天咖啡馆和餐馆都是理想歇脚地点。你可以在许多地方租到自行车，包括哥特区的**Barcelona Biking**（☎656 356300；www.barcelonabiking.com；Baixada de Sant Miquel 6；自行车出租 每小时/24小时 €5/15，团队游€21；⏲10:00~20:00，团队游11:00；Ⓜ Jaume I，Liceu）和海岸区的**My Beautiful Parking**（☎93 186 73 65；www.mybeautifulparking.com；Carrer de la Bòria 17；自行车出租 每小时/24小时 €5/14；⏲10:00~15:00和16:30~20:00；Ⓜ Jaume I）。

加泰罗尼亚历史博物馆

博物馆

2 见108页地图，C3

这个值得一看的博物馆位于海洋宫（Palau de Mar）内，将带你从石器时代走到20世纪80年代初。丰富多样的透视画、艺术品、影像、模型、档案资料和互动设施组合起来，浓缩展现了加泰罗尼亚2000年的历史。展品说明是用加泰罗尼亚语和西班牙语书写的。（Museu d' Història de Catalunya, Museum of Catalonian History；☎93 225 47 00；www.mhcat.net；Plaça de Pau Vila 3；成人/儿童€4.50/3.50，10月至次年6月 每月最后一个周二免费；⏲周二和周四至周六10:00~19:00，周三至20:00，周日至14:30；Ⓜ Barceloneta）

水族馆

水族馆

3 见108页地图，C4

看到鲨鱼就在头顶游弋，它们张开大嘴、牙齿外露，难免令人不寒而栗。不过80米长的鲨鱼管道是这一区的亮点。作为欧洲规模最大的海洋展馆之一，这个水族馆拥有全球一流的地中海水下生物品种，还有许多颜色艳丽的鱼类，其中一些甚至来自遥远的红海、加勒比海和大堡礁。据统计，总共有450种、大约1.1万条鱼（包括十几条鲨鱼）栖息于此。（L' Aquàrium；☎93

221 74 74; www.aquariumbcn.com; Moll d' Espanya; 成人/儿童 €20/15, 潜水 €300; ⏲7月和8月 9:30~23:00, 9月至次年6月 至21:00; Ⓜ Drassanes)

港口缆车

缆车

4 ◉ 见108页地图, D5

这部缆车从港口开往蒙特惠奇山，能够鸟瞰城市风景。客舱往返Torre de Sant Sebastià（小巴塞罗那）和Miramar（蒙特惠奇山）之间，中途停靠Torre de Jaume I，就在世贸中心（World Trade Center）前面。Torre de Sant Sebastià顶上是家餐馆，名叫Torre d' Alta Mar。（Teleférico del Puerto; www.telefericodebarcelona.com; Passeig Escullera; 单程/往返 €11/16.50; ⏲3月至10月 11:00~19:00, 11月至次年2月 至17:30; 🚌17路、39路、64路, Ⓜ Barceloneta)

莫洛凯直立板划水中心

水上运动

5 ◉ 见108页地图, E4

这家知名机构可为游客提供直立板划水速成课程。除了2小时适合初学者的课程，还有帮你提升技能的中级和高级课程，每次也都是2小时，课程提供装备和潜水服。或者，如果你只需要租借直立板，他们可以很快带你出海。（Molokai SUP Center; ☎93 221 48 68; www.molokaisupcenter.com; Carrer de Meer 39;

ALIONABIRUKOVA/SHUTTERSTOCK ©

海事博物馆

当地生活

海滨艺术

美国人丽贝卡·霍恩(Rebecca Horn)的雕塑*Homenatge a la Barceloneta*是对小巴塞罗那的一项重要贡献。这座雕塑位于圣塞巴斯提亚海滩,用锈铁和玻璃组成的方块搭建而成,非常引人注目。雕塑于1992年完工,为纪念奥运会时期消失的海滩酒吧和餐馆,也因此获得了这一区最挑剔的老前辈的欣赏。

2小时课程€55,直立划板出租 每小时€15; Ⓜ Barceloneta)

就餐

Filferro

西班牙小吃 €

6 见108页地图,E3

小巴塞罗那的餐馆大多以海鲜为主,Filferro则是例外。这里提供物美价廉的西班牙小吃、馅料面包(bocadillos)、沙拉和意大利面,有一批忠实的顾客。餐馆内部灯光温暖,装饰不拘一格。你也可以在广场上的户外餐桌找个位置,很多家庭顾客喜欢这里,广场附近就有一个游乐场。(☎ 93 221 98 36; Carrer de Sant Carles 29; 西班牙小吃 €5~7, 主菜 €8~13; ⏲ 周二至周日 10:00至次日1:00; ; ; Ⓜ Barceloneta)

Guingueta de la Barceloneta

西班牙菜 €

7 见108页地图,E4

作为卡尔斯·艾伯伦(Carles Abellan)美食帝国中的一员,这家侧面敞开的海滨餐馆提供小吃、三明治和沙拉,虽然鸡尾酒(大约€11)才是重头戏(还有海景)。(Platja de Sant Sebastià; 三明治 €6~12; ⏲ 3月至11月 9:00至午夜; Ⓜ Barceloneta)

Jai-Ca

海鲜 €

8 见108页地图,D3

Jai-Ca是一家深受爱戴的餐厅,供应鲜美多汁的烤对虾、滋味浓郁的凤尾鱼、鲜嫩的章鱼、美味的竹蛏和其他受欢迎的海鲜美食。随着夜幕降临,食客会越来越多。加里西亚白葡萄酒(turbio)、桑格利亚汽酒(sangria)和冰镇散装啤酒都是在沙滩上度过一天后醒神的好东西。(☎ 93 268 32 65; Carrer de Ginebra 13; 西班牙小吃 €4~8; ⏲ 周一至周六 9:00~23:30; Ⓜ Barceloneta)

El Ben Plantat

各国风味 €

9 见108页地图,E3

以海鲜为主的小巴塞罗那餐饮业又添了一位出色成员,就是El Ben Plantat。这里供应各种小盘菜品,还有非常出色的素食,包括鹰嘴豆泥、鳄梨酱配薯条、豆腐酱、带馅腌制蘑菇。工作日期间,还有包含多道菜的特价午餐(土豆贻贝、自制阿拉伯馅饼、香肠炖菜、蔬菜丸子)供应,物

了解当地

加泰罗尼亚的命运变迁

加泰罗尼亚的身份是个复杂的现象，但是加泰罗尼亚人非同寻常，他们团结一致，获得集体胜利，共同经历了这个地区的动荡历史。

加泰罗尼亚黄金时代始于12世纪初期，当时，已经控制了加泰罗尼亚和法国南部一些地区的拉蒙·贝伦格尔三世（Ramon Berenguer Ⅲ）派出了这个地区的第一批航海舰队。1137年，他的继任者拉蒙·贝伦格尔四世（Ramon Berenguer Ⅳ）与阿拉贡（Aragonese）年仅1岁的女继承人订婚，加泰罗尼亚因此拥有足够的势力将帝国扩张至地中海地区。13世纪末，加泰罗尼亚统治的地区扩展到巴利阿里群岛（Balearic Islands），其海上贸易为帝国带来了巨额财富。

但是危机始现，在遭受了贸易下滑和对外战争失利的双重打击之后，加泰罗尼亚开始衰落。1479年，费尔南多（Fernando）成为阿拉贡国王，并且迎娶卡斯提尔女王伊莎贝尔（Isabel），加泰罗尼亚随之成为卡斯提尔的一个省。加泰罗尼亚非常厌恶寄人篱下，但是一筹莫展。在西班牙王位继承战争（1702~1713年）中，巴塞罗那支持的一方落败。1713年3月至1714年9月11日，西班牙军队包围巴塞罗那。巴塞罗那奋起反抗，反对当时的西班牙王权。菲利普五世（Felipe V）取胜之后，废除了加泰罗尼亚自治权，建起一座巨型城堡（Ciutadella）监视这座城市，禁止使用加泰罗尼亚语书写和教学，并且将加泰罗尼亚的殖民地转让给其他欧洲国家。

在之后的几个世纪里，巴塞罗那的贸易逐渐兴盛。19世纪末和20世纪初，为了迎合本市蓬勃发展的经济实力，人们要求更大的自制权。然而，1939年，西班牙将领弗朗西斯科·佛朗哥（Francisco Franco）在内战中获胜之后，民族主义者和这位独裁者的军队在肃清中开枪杀死至少3.5万人，这些人要么反对佛朗哥，要么被认为反对佛朗哥。在那之后，公共场合禁止使用加泰罗尼亚语，所有街道和城镇名称都改为西班牙语，卡斯蒂利亚（Castellano）西班牙语成为学校和媒体唯一指定用语。佛朗哥的手下一直掌管这座城市，直至1975年佛朗哥去世，而巴塞罗那的不满情绪也延续至今——虽然今天发泄对象变成了马德里的中央政府。加泰罗尼亚文化荣耀感从未如此强烈，独立呼声占据了巴塞罗那和其他加泰罗尼亚地区的广播电视台。

当地生活

露天酒吧

4月末至10月，露天酒吧入驻海滩，通过音乐、鸡尾酒和闲适的气氛，为这座城市带来一股热带气息。海滩露天酒吧还有小吃摊位，供应三明治、冰激凌和西班牙小吃，有的甚至有完整的菜单。你可以一边吃喝，一边观赏浪涛拍岸。

美价廉，仅售€9。（☎93 624 38 32; Carrer de Sant Carles 21; 西班牙小吃 €5~10; ⏰周三至周一 13:00~16:00和20:30~23:30; 🖉; Ⓜ Barceloneta）

Kaiku

海鲜 €€

10 见108页地图，D5

Kaiku俯瞰小巴塞罗那南端的海滨，因为提供独创的海鲜菜品而名声大噪。餐厅从附近鱼市采购令人垂涎的食材之后巧妙烹制成各种美食，例如，薄荷小龙虾、剑鱼刺身配鳄梨和西红柿干、辣椒金枪鱼配绿苹果和蘑菇，以及超赞的双人份米饭菜肴。（☎93 221 90 82; www.restaurantkaiku.cat; Plaça del Mar 1; 双人主菜 €28~36; ⏰周二至周日 13:00~15:30; Ⓜ Barceloneta）

Can Maño

西班牙菜 €€

11 见108页地图，D3

你要做好排队的准备，然后才能挤进一张坐满人的桌子，在喧闹中享受整晚的西班牙小吃（摆放在后面的一张木板上），还可以来点turbio（一种浑浊的廉价白葡萄酒）。海鲜品类丰富，有最好的鱿鱼、虾和鱼，物美价廉。（Carrer del Baluard 12; 主菜€8~14; ⏰周二至周六9:00~16:00，周一至周五20:00~23:00; Ⓜ Barceloneta）

Barraca

海鲜 €€€

12 见108页地图，E4

最近才开张，这个嘈杂的地方位置很好，面对地中海，供应很棒的海鲜菜肴。用一锅灌满辣椒的蚌、鸟蛤和贻贝开胃，然后享用豪华版西班牙海鲜饭和其他米饭类菜肴。（☎93 224 12 53; www.barraca-barcelona.com; Passeig Maritim de la Barceloneta 1; 主菜€19~24; ⏰12:30至午夜; Ⓜ Barceloneta）

饮品

Absenta

酒吧

13 见108页地图，E3

这家古里古怪、颇具创意的酒馆采用旧画、复古灯和奇怪的雕塑装饰，非常重视酒水。来此品尝自制苦艾酒，此处苦艾酒的品种非常多。不要贪杯：这些酒水酒精含量达到50%~90%，不容小觑！（www.absentabar.es; Carrer de Sant Carles 36; ⏰周二和周三19:00至次日1:00，周四至周一11:00开始; Ⓜ Barceloneta）

BlackLab

小型自酿酒吧

14 见108页地图，C3

BlackLab位于历史悠久的海洋宫内，

是巴塞罗那首家自酿酒吧。这里有20种桶装啤酒（其中18种为自酿，包括赛松啤酒、双IPA和黑啤），场面令人印象深刻，酿酒师还在不断尝试开发新口味。（☎93 221 83 60；www.blacklab.es；Plaça Pau Vila 1；⊙正午至次日1:30；Ⓜ Barceloneta）

The Mint

鸡尾酒吧

15 见108页地图，C3

这个偏爱莫吉托酒的酒吧以不同品类的酒水满足各种顾客。在楼上找一个座位，用心品味店内自制的一流杜松子酒（超过20种，包括颇具创意的混合口味，例如，柠檬草和牙买加胡椒），或者下楼同年轻人一起来到拱形砖墙酒窖，那里灯红酒绿、音响节奏明快，气氛热闹。（☎647 737707；Passeig d' Isabel II, 4；⊙19:30至次日2:30；Ⓜ Barceloneta）

Ké?

酒吧

16 见108页地图，D3

这个波希米亚风格的酒吧由荷兰人经营，聚集了各种各样快乐的人。夏季设有户外座位，距离小巴塞罗那的市场只有几步之遥。（Carrer del Baluard 54；⊙正午至次日2:00；Ⓜ Barceloneta）

购物

Maremàgnum

商场

17 见108页地图，C5

这个熙熙攘攘的购物中心由基本废弃的船坞改造而成，带有酒吧、餐馆和电影院，是旧港中央一个漫步闲逛的绝佳地点。常见品牌一应俱全，包括西班牙连锁品牌Mango、大型零售店H&M和巴塞罗那Desigual的时装。足球迷一定会对FC Botiga出售的装备产生兴趣。（☎93 225 81 00；www.maremagnum.es；Moll d' Espanya 5；⊙10:00~22:00；Ⓜ Drassanes）

当地生活

海滨市场

艺术、手工艺和古玩爱好者不应该错过这些令人陶醉的周末市场。在兰布拉大道的尾端，小型的**Port Antic Market**（Plaça del Portal de la Pau；⊙周六和周日10:00~20:00；Ⓜ Drassanes）里有卖老照片、相框、油画、唱片、相机、老玩具的店。在海洋宫附近的**Feria de Artesanía del Palau de Mar**（Moll del Dipòsit；⊙周六和周日11:00~20:30；Ⓜ Barceloneta）有工匠出售珠宝、服装和工艺纪念品。沿着步行街Rambla de Mar来到**Mercado de Pintores**（Passeig d' Ítaca；⊙周六和周日 10:00~20:00；Ⓜ Drassanes），当地艺术家在那里售卖他们的画作。

探索

格拉西亚大道和扩建区

格拉西亚大道(Passeig de Gràcia)穿过扩建区(L' Eixample),这里是巴塞罗那老城区错综复杂的另一面。现代主义建筑风格在此留下不朽印记,一些城市代表性地标建筑也坐落于此。精致的商店、出色的餐馆和富有活力的夜生活,所有这些因素使这里成为巴塞罗那最值得探访的区域之一。

一日游行程

越早抵达**巴特洛公寓**（见120页）和**采石场**（见118页），越有可能避开游客高峰。如果流连这些景点，每个地方都很容易花去几个小时，应该留点时间欣赏**阿马特耶之家**（见126页）以及**安东尼·塔皮埃斯基金会美术馆**（见127页）的当代艺术。

参观博物馆之后，来到厨师Carles Abellan的创意餐厅**Tapas 24**（见129页）休憩一下，并享用西班牙小吃。然后沿着优美的格拉西亚大道逛逛街。最后，参观**巴塞罗那现代主义博物馆**（见128页）。

扩建区的夜晚可能悠长乏味，但是我们建议最后亲密接触一次现代主义风格建筑：到**Casa Calvet**（见132页）享用晚餐，同时欣赏原本不许进入的高迪设计的建筑的内部。**Les Gens Que J' Aime**（见134页）是一处感受夜生活的佳地，**Dry Martini**（见133页）同样如此。最后，到**Antilla BCN**（见133页）一睹现场萨尔萨舞曲的风采，结束一天行程。

想体验扩建区当地人日常购物的一天，见122页。

顶级景点

采石场（见118页）

巴特洛公寓（见120页）

当地生活

金色广场购物（见122页）

巴塞罗那最佳

西班牙小吃

Tapas 24（见129页）

Cata 1.81（见132页）

酒吧

Dry Martini（见133页）

Les Gens Que J' Aime（见134页）

Monvínic（见123页）

到达和离开

M 地铁 Passeig de Gràcia站（2号线、3号线和4号线）和Diagonal站（3号线、5号线和7号线）位于扩建区中心地带。

M 地铁 Catalunya、Universitat、Hospital Clínic、Verdaguer和Girona等站位于扩建区周边地带。

FGC Provença和Passeig de Gràcia站。

顶级景点
采石场

采石场（官方称为Casa Milà，即米拉之家，根据房屋主人命名）是格拉西亚大道乃至巴塞罗那最美丽的现代主义建筑之一。那些见证了高迪1905~1910年建起这栋建筑的困惑的当地人称之为采石场（La Pedrera）。它是高迪的最高艺术成就之一。作为公寓楼，其空间利用和采光方式，还有装饰和实用之间模糊的分界线，所有这些创意都会令你惊叹不已。

见124页地图，D2

www.lapedrera.com

Passeig de Gràcia 92

成人/优惠/13岁以下/7岁以下 €20.50/16.50/10.25/免费

3月至10月 9:00~20:30，11月至次年2月 至18:30

M Diagonal

采石场的屋顶露台

不要错过

外立面

模仿自然界是高迪作品的永恒主题之一，采石场波浪起伏的灰色石头外立面让人想起被风浪雕塑的崖壁。波浪起伏的效果在铁制阳台上更为凸显，你脑海中可能会忽然出现冲上岸边的海藻。这里给人的总体印象就是一栋即将移动的建筑。

屋顶露台

高迪融合俏皮造型及巧妙功能的天分充分体现在屋顶，通过一束束烟囱、楼梯井和通风塔得以展现。它们伫立于大楼波浪形的轮廓之上，高低起伏，就像体形巨大的中世纪武士。一些未加装饰，另外一些采用陶瓷碎片（trencadís）甚至cava酒瓶碎片装饰。深凹的窗台透射自然光亮进入室内，高迪将它们视为室内景象。

Espai Gaudí

带有270个优雅的抛物线形拱形，Espai Gaudí就像一个巨型史前野兽的胸腔化石。在同一个点上，12个拱形汇聚形成一棵棕榈树。留意一下镜面的奇特光学效果以及东面的悬垂雕塑。

采石场公寓

顶楼之下，就是公寓（El Pis de la Pedrera）。这个迷宫般的公寓是高迪对于家庭乐园的构想，房间均衡地沐浴在阳光之中，同时随着大楼的波浪形状迂回曲折。为了实现灵活多变的生活氛围，公寓没有承重墙：因此若居住者有需求，内墙可以拆除。

☑ 独家贴士

- 可在网上购票，赶在开门时间到达。
- 晚间导览游会展示采石场神秘的一面，并以一杯cava结束。需提前预订。
- 6月中至9月初的周五和周六，采石场屋顶会有露天音乐会。

吃喝落脚点

La Bodegueta Provença（☎93 215 17 25；www.labodegueta.cat；Carrer de Provença 233；主菜 €9~19，西班牙小吃€6~14；⏰周一至周五7:00至次日1:00，周六9:00至次日1:00，周日 13:00至午夜；📶；Ⓜ Diagonal）位于采石场以西一个街区，提供一流的西班牙小吃，葡萄酒按杯出售。Cerveseria Catalana（见130页）位于采石场以南两个街区，靠近加泰罗尼亚街（Rambla de Catalunya），适合任何时段光顾（可以点咖啡和羊角面包，或者西班牙小吃）。

顶级景点
巴特洛公寓

如果说神圣家族教堂是高迪的交响乐杰作，巴特洛公寓就是他的迷幻华尔兹——更不必说这是源自其非凡想象力的最奇特的不拘一格的建筑之一。从古灵精怪的外立面设计到具有开创性的采光方式和建筑形式（很少采用直线设计），巴特洛公寓作为一栋华丽大气的公寓楼，是巴塞罗那最为靓丽的建筑之一。在巴塞罗那要想获得这个称谓着实不易。

见124页地图，E3

www.casabatllo.es

Passeig de Gràcia 43

成人/优惠/7岁以下 €22.50/19.50/免费

9:00~21:00，进入截止时间 20:00

Ⓜ Passeig de Gràcia

巴特洛公寓的外立面

不要错过

外立面

萨尔瓦多·达利认为，这栋大楼仿似“水中暮云”。其他人觉得它更像克劳德·莫奈（Claude Monet）的印象派杰作《睡莲》（*Water Lilies*）。巴特洛公寓就像对我们想象力的一次罗夏墨迹测验，它的外立面设计精妙、构思奇特，点缀着蓝色、淡紫和绿色的碎瓷片，镶有波浪形窗户框架和面具般的阳台。

主厅

楼梯通往二楼，那里所有亮点都在主厅：天花板呈旋涡状，明亮辉煌的大灯位于旋涡中心；门、窗和天窗都采用木质或彩色玻璃，就像梦幻般的波浪，形状又像软体动物。朝向格拉西亚大道的满墙玻璃窗让这里的光线和空间感无与伦比。

阳台

巴特洛公寓的阳台面对着一个宽敞的扩建区庭院，就像一个微缩奇幻花园。这里的花盆形状奇奇怪怪，许多陶瓷碎片（有330片镶嵌在大楼外立面的后侧）让你仿佛沉浸在万花筒世界中。

屋顶

巴特洛公寓的屋顶是这栋建筑的精髓所在，那些扭曲的烟囱具有典型的高迪建筑特色。东端代表圣乔治（Sant Jordi）与龙，当地又把巴特洛公寓称作龙宅（casa del drac）。彩色瓷片连绵起伏，使这个建筑仿佛是一个活物。

独家贴士

- 经常需要排队进入，所以最好在网上购票，并且提早到达。
- 虽然巴特洛公寓开放至21:00，但是20:00起停止售票。
- 即使已经来过这里一次，也可在日落之后再次造访，观赏它灯光照耀、光彩夺目的外立面。

吃喝落脚点

Tapas 24（见129页）位于山下两个街区，紧邻格拉西亚大道的另一侧，是巴塞罗那最有创意的西班牙小吃酒吧之一。

从巴特洛公寓往西南方向步行可到Monvínic（见123页），这里精选的葡萄酒出类拔萃，还有美味拼盘搭配精美饮品。

当地生活
金色广场购物

游客来到扩建区是为了参观景点，而当地人则选择到金色广场（Quadrat d' Or）购物。金色广场是指格拉西亚大道两旁纵横交错的街道。这是巴塞罗那时装和设计意识最浓的区域，勾勒出一大批扩建区居民的特点。大品牌一应俱全，还有能够抓住巴塞罗那潮流精髓的当地设计师的精品店。

❶ 时尚潮流

你可能会沿着格拉西亚大道逛一整天，但不妨抽空去趟**Lurdes Bergada**（☎93 218 48 51；www.lurdesbergada.es；Rambla de Catalunya 112；⏲周一至周六10:30~20:30；Ⓜ Diagonal）。这是一家精品店，由母子设计师Lurdes Bergada和Syngman Cucala经营。这里的时尚男女服装采用天然纤维制作，有一批忠实粉丝。

❷ 甜品

找个地方休息一下。**Mauri**（☎93 215 10 20；www.pasteleriasmauri.com；Rambla de Catalunya 102；油酥点心€3.50起；⏰周一至周六8:00至午夜，周日9:00~16:00；Ⓜ Diagonal）是少有的拥有悠久历史的点心店。店内布置非常豪华，顶上绘有华丽的壁画，壁画的历史可追溯至1929年Mauri开业初期。它的羊角面包和清淡的甜甜圈（ensaïmadas）几乎完美。

❸ 现代主义风格珠宝

这家店远非普通的老珠宝店所能企及。那位从**Bagués-Masriera**（☎93 216 01 74；www.bagues-masriera.com；Passeig de Gràcia 41；⏰周一至周五10:00~20:30，周六11:00~20:00；Ⓜ Passeig de Gràcia）走出的年轻人自19世纪起就一直在打磨宝石、加工金属，这里的许多经典作品带有现代主义风格特色。Bagués的服务态度或许傲慢，但这主要是因为他遵循了老派礼节。

❹ 奢华皮箱

各种软皮革提包和手提箱是**罗意威**（Loewe；☎93 216 04 00；www.loewe.com；Passeig de Gràcia 35；⏰周一至周六10:00~20:30；Ⓜ Passeig de Gràcia）的主打产品，还有一系列男女服装，以及一些令人赞叹，但同时价格不菲的饰品。商店位于**叶奥·莫雷拉之家**（Casa Lleó Morera，见126页），本身也值得参观，一些内部设计出自建筑家多梅内克·蒙塔内尔之手。

❺ 美味的巧克力

作为一个时髦新潮的巧克力圣地，**Cacao Sampaka**（☎93 272 08 33；www.cacaosampaka.com；Carrer del Consell de Cent 292；⏰周一至周六9:00~21:00；Ⓜ Passeig de Gràcia）既是商店和咖啡馆，也是选购礼品的完美地点。巧克力的口味种类繁多（迷迭香，或者咖喱？），形状各异，能够填满雅致的小礼品盒。

❻ 精美葡萄酒

想要买品质优良的酒就去行业翘楚**Monvínic**（☎93 272 61 87；www.monvinic.com；Carrer de la Diputació 249；⏰周二至周五13:00~23:00，周一和周六19:00~23:00；Ⓜ Passeig de Gràcia）。这是一个名副其实的葡萄酒王国，酒窖里有3000余种葡萄酒，包括一些极端罕见的品种。先到葡萄酒吧品尝，然后购买，并让他们为你配上礼盒，以便回家送人。

❼ 放松身心

Cosmo（www.galeriacosmo.com；Carrer d'Enric Granados 3；⏰周日至周三10:00~22:00，周四至23:00，周五和周六至午夜；Ⓜ Universitat）是个洁白明亮的洞穴式店面，高墙上装饰的饰品使室内色彩缤纷。提供精选的茶水、蛋糕和小吃。商店位于一条赏心悦目的步行街上，非常适合晚上饮酒——不管在室内还是室外。

A
B
C
D
1
2
3
4
5
C d'Alfons XII
C d'Aribau
Travessera de Gràcia
C de Tuset
C de Moià
Via Augusta
Plaça de Narcís Oller
C de Sèneca
C de Bonavista
Plaça de Joan Carles I
C de Còrsega
15
Palau del Baró Quadras 5
巴罗・夸德拉斯宫
C de Pau Claris
Diagonal
Fundació Suñol 9
索纽尔基金会
La Pedrera
采石场
Av Diagonal
C d'Enric Granados
C de Balmes
C del Rosselló
Pg de Gràcia
格拉西亚大道
Rambla de Catalunya
Provença
22
L'ESQUERRA DE L'EIXAMPLE
C de Londres
C de Casanova
C de París
C de Còrsega
C de Villarroel
13
29
4
Fundació Antoni Tàpies
安东尼・塔皮埃斯基金会美术馆
C d'Aribau
C de Mallorca
Plaça del Doctor Ferrer Cajigal
C de Muntaner
C de Provença
Plaça del Doctor Letamendi
C d'Aragó
Museu del Modernisme Barcelona 8
巴塞罗那现代主义博物馆
17
18
20
Hospital Clínic
C del Rosselló
C del Comte d'Urgell
C de Casanova
19
C d'Enric Granados
23
Universitat de Barcelona
巴塞罗那大学
Plaça de la Universitat
C de València
Av de Roma
C de Villarroel
C del Consell de Cent
C de Casanova
C de la Diputació
24
C d'Aragó
C del Comte Borrell
Gran Via de les Corts Catalanes
C de Sepúlveda
Ronda de Sant Antoni
10
11
Urgell
2
详细介绍请见
顶级景点 118页
景点 126页
就餐 129页
饮品 133页
购物 134页

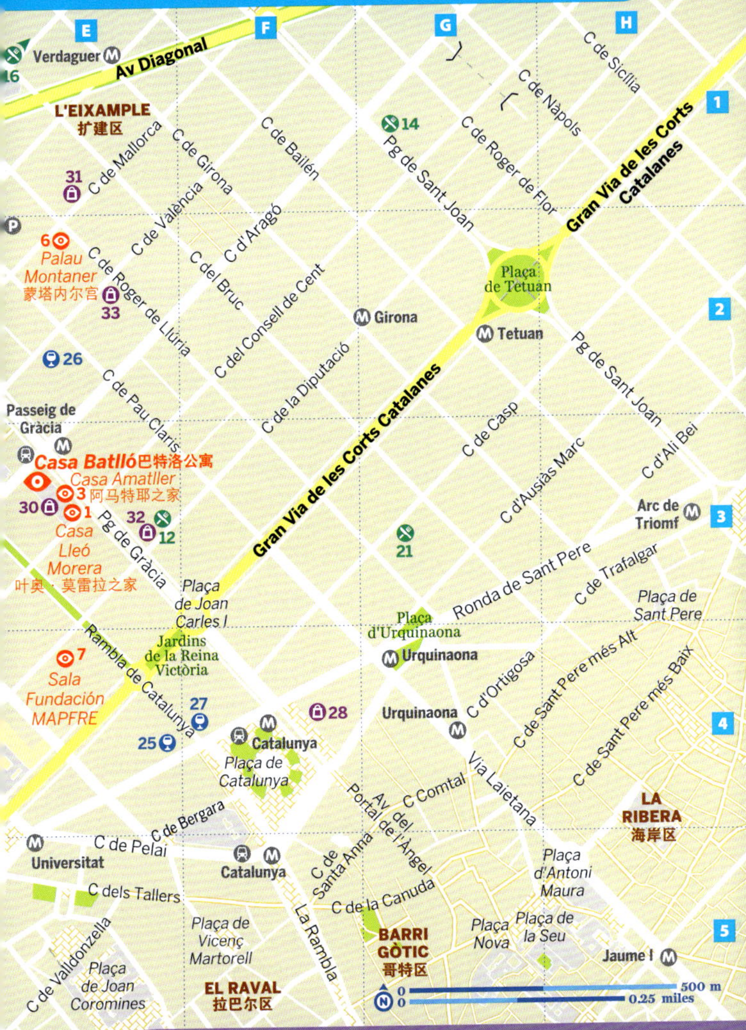
E
F
G
H
1
2
3
4
5
Verdaguer
16
Av Diagonal
L'EIXAMPLE
扩建区
C de Mallorca
C de Girona
C de Bailén
14
Pg de Sant Joan
C de Roger de Flor
C de Nàpols
C de Sicília
Gran Via de les Corts Catalanes
31
C de València
C d'Aragó
C del Bruc
6
Palau Montaner
蒙塔内尔宫
33
C de Roger de Llúria
C del Consell de Cent
Plaça de Tetuan
Girona
Tetuan
Pg de Sant Joan
26
C de Pau Claris
C de la Diputació
Passeig de Gràcia
Casa Batlló巴特洛公寓
Casa Amatller
3 阿马特耶之家
30
1
Casa Lleó Morera
叶奥·莫雷拉之家
32
12
Pg de Gràcia
Gran Via de les Corts Catalanes
C de Casp
C d'Ausiàs Marc
C d'Alí Bei
Arc de Triomf
21
Plaça de Joan Carles I
Jardins de la Reina Victòria
7
Sala Fundación MAPFRE
Rambla de Catalunya
27
25
28
Ronda de Sant Pere
C de Trafalgar
Plaça de Sant Pere
Plaça d'Urquinaona
Urquinaona
Urquinaona
C d'Ortigosa
C de Sant Pere més Alt
C de Sant Pere més Baix
Catalunya
Plaça de Catalunya
Via Laietana
C Comtal
Av del Portal de l'Àngel
C de Santa Anna
C de Bergara
C de Pelai
Universitat
Catalunya
C dels Tallers
LA RIBERA
海岸区
Plaça d'Antoni Maura
C de la Canuda
La Rambla
Plaça de Vicenç Martorell
BARRI GÒTIC
哥特区
Plaça Nova
Plaça de la Seu
Jaume I
C de Valldonzella
Plaça de Joan Coromines
EL RAVAL
拉巴尔区
0
0
500 m
0.25 miles

景点

叶奥·莫雷拉之家
建筑

1 见124页地图，E3

这是多梅内克·蒙塔内尔（Domènech i Montaner）在1905年为“不和谐街区”（Manzana de la Discordia）做出的贡献。建筑的外墙装饰着现代主义雕刻，内部有一个明亮的贴砖大厅，装饰着很多花卉浮雕。它或许是“不和谐街区”3座主要建筑中看起来最不古怪的一座。2014年，部分建筑对公众开放（只能通过参加导览游参观——11:00出发的1小时英语导览游，每隔30分钟组织一次“速游”），人们得以游览2楼旋涡状的雕塑、丰富的马赛克拼贴图以及和异想天开的装饰，令人眼花缭乱。（Casa Lleó Morera；☎93 676 27 33；www.casalleomorera.com；Passeig de Gràcia 35；导览游 成人/优惠/12岁以下 €15/13.50/免费，速游 成人/12岁以下 €12/免费；⏲周二至周日 10:00~13:30和15:00~19:00；Ⓜ Passeig de Gràcia）

独家贴士

了解现代主义风格建筑

想要全面了解扩建区现代主义建筑瑰宝的旅行者，可以考虑购买**Ruta del Modernisme**（www.rutadelmodernisme.com；€12）套餐。它包含景点讲解（各种语言）和市内主要现代主义建筑景点的优惠门票。

圣保罗现代主义建筑群
建筑

2 见124页地图，B1

作为建筑师和慈善家的多梅内克·蒙塔内尔通过完成现代主义风格的圣十字和圣保罗医院实现了对自己的超越。2014年这里更名为“现代主义建筑群”。在很长一段时间里，这里一直都是巴塞罗那最重要的医院，直到最近才改变了用途——它的各种空间成了文化中心、办公室和类似纪念馆的场所。整个建筑群包括16座独立建筑，它们与加泰罗尼亚音乐宫（见102页）一起跻身《世界遗产名录》，装饰奢华，每一座都独一无二。（Recinte Modernista de Sant Pau；☎93 553 78 01；www.santpaubarcelona.org；Carrer de Sant Antoni Maria Claret 167；成人/优惠/16岁以下 €10/7/免费；⏲周一至周六10:00~18:30，周日至14:30；Ⓜ Sant Pau/Dos de Maig）

阿马特耶之家
建筑

3 见124页地图，E3

阿马特耶之家是现代主义梦幻风格最具代表性的作品之一，既有哥特式风格的窗框，又有从荷兰城市建筑借鉴而来的阶梯山墙。不过仿佛要从主立面上“滴下来”的半身雕像和浮雕龙、骑士及其他元素则纯粹来自设计师随性的奇思妙想。设有立柱的大厅和楼梯沐浴在从彩色玻璃透入的光亮中，仿佛置身于一座浪漫城堡的内部。这个建筑于1900年因巧克力大亨兼慈善家安东尼·阿马特耶（Antoni Amatller，1851~1910年）

而得到过修缮。(Casa Amatller; ☎93 461 74 60; www.amatller.org; Passeig de Gràcia 41; 成人/6~12岁儿童/6岁以下 1小时团队游 €15/7.50/免费，30分钟团队游 €12/7/免费；🕘11:00~18:00; Ⓜ Passeig de Gràcia)

安东尼·塔皮埃斯基金会美术馆

画廊

4 见124页地图，D3

安东尼·塔皮埃斯基金会美术馆是现代主义的先锋建筑(于1885年完工)，这里还收藏了许多20世纪加泰罗尼亚顶级艺术家安东尼·塔皮埃斯(Antoni Tàpies)的作品。塔皮埃斯的作品以深奥难懂著称，他于2012年2月去世，享年88岁，身后留下了大量画作以及一项为了激励当代艺术家而设立的基金。(Fundació Antoni Tàpies; ☎93 487 03 15; www.fundaciotapies.org; Carrer d' Aragó 255; 成人/优惠 €7/5.60; 🕘周二至周日 10:00~19:00; Ⓜ Passeig de Gràcia)

巴罗·夸德拉斯宫

建筑

5 见124页地图，D1

受哥特风格的启发，普伊赫·卡达法尔克(Puig i Cadafalch)采用一种充满生机的风格设计建造了巴罗·夸德拉斯宫(修建于1902~1906年)。它的主立面

SHUTTERSTOCK/MIVR ©

叶奥·莫雷拉之家

当地生活

Carrer d' Enric Granados

半数巴塞罗那居民愿意住在Carrer d' Enric Granados。Carrer de la Diputació的终点就是步行街道，巴塞罗那大学花园则是分界点。当你漫步走过一排排高雅的公寓楼前往Plaça del Doctor Letamendi时，能够听到附近餐馆食客的说笑声。从这里开始，一条车道缓缓通往Avinguda Diagonal（这个终点也是只许行人通过）。

上有一道极其华丽的玻璃长廊，是其最迷人之处。仔细看怪兽石像和浮雕的话，那对露齿鱼和舞剑的骑士可以清晰地显示出它们和阿马特耶之家是出自同一位建筑师之手。建筑内部装饰不拘一格，但以中东和东亚主题为主。（Palau del Baró Quadras；☎93 467 80 00；www.llull.cat；Avinguda Diagonal 373；不收门票；⏲周一至周五8:00~20:00；Ⓜ Diagonal）

蒙塔内尔宫 建筑

6 见124页地图，E2

这座建筑出自多梅内克·蒙塔内尔之手，外观十分有趣，花园更是锦上添花，其内部也非常壮观。于1896年完工，它的核心亮点就是一个位于宽阔、带有装饰的天窗下的大楼梯。内部有许多雕塑（一些出自Eusebi Arnau之手）、马赛克拼贴图和精美的木艺。目前只能通过参加导览游进入，导览游由安东尼·塔皮埃斯基金会美术馆组织，以加泰罗尼亚语解说。（Palau Montaner；☎93 317 76 52；www.fundaciotapies.org；Carrer de Mallorca 278；成人/儿童 €7/免费；⏲导览游 周六11:00；Ⓜ Passeig de Gràcia）

Sala Fundación MAPFRE 画廊

7 见124页地图，E4

这里原是弗朗西斯科·戈迪亚基金会美术馆（Fundación Francisco Godia）。2015年，这座保存完好的现代主义风格宅邸被西班牙保险巨头MAPFRE的慈善文化部门接管，作为艺术和摄影展览基地。这座画廊修建于1902~1905年，最初是为一个富有的银行业家族所建。建筑位于Casa Garriga i Nogués内，是一座令人赞叹、精心修复的现代主义风格宅邸。（☎93 401 26 03；www.fundacionmapfre.org；Carrer de la Diputació 250；成人/学生/6岁以下€6/3/免费；⏲周一14:00~20:00，周二至周六10:00~20:00，周日11:00~19:00；Ⓜ Passeig de Gràcia）

巴塞罗那现代主义博物馆 博物馆

8 见124页地图，D4

博物馆位于一栋现代主义风格建筑内，一楼看起来就像一个大型现代主义风格的家具展厅。有几件展品出自安东尼·高迪之手，包括来自巴特洛公寓的椅子和来自Casa Calvet的镜子，还有一些展品出自高迪同时代不太有名的艺术家之手，包括一些来自普伊赫·卡达法尔克之手的稀奇古怪、嘲讽中世纪的物件。(Museu del Modernisme Barcelona; 93 272 28 96; www.mmbcn.cat; Carrer de Balmes 48; 成人/优惠/6~16岁儿童/6岁以下 €10/7/5/免费; 周二至周六10:30~19:00, 周日至14:00; M Passeig de Gràcia)

索纽尔基金会

画廊

9 见124页地图, D2

这个私人收藏馆的展品大多都是20世纪的艺术作品(总计约1200件), 轮换展览包括曼雷(Man Ray)的摄影作品、阿尔佩托·贾科梅蒂(Alberto Giacometti)的雕塑等各种展品。两层展厅的作品涉及许多西班牙艺术家, 包括从毕加索到豪梅·普朗萨(Jaume Plensa)其中的任意一位, 还有少量外国艺术家。(Fundació Suñol; 93 496 10 32; www.fundaciosunol.org; Passeig de Gràcia 98; 成人/优惠€4/3; 周一至周五11:00~14:00和16:00~20:00, 周六16:00~20:00; M Diagonal)

就餐

Copasetic

咖啡馆 €

10 见124页地图, C5

这是一间有趣而友好的咖啡馆, 装饰着复古家具。无论你的心头好是火腿蛋松饼、野莓小果馅饼, 还是肥美多汁的汉堡, 总能在这儿找到许多自己喜欢的东西。此外, 这里还有素食、不含谷蛋白的食品和有机食品可供选择, 周末还有物美价廉的早午餐。周三晚上是女士之夜, 供应便宜的鸡尾酒。午市套餐(周二至周五)售价€9.50~11。(93 532 76 66; www.copaseticbarcelona.com; Carrer de la Diputació 55; 主菜 €8~12; 周二和周三 10:30至午夜, 周四 10:30至次日1:00, 周五和周六10:30至次日2:00, 周日10:30~17:30; ; M Rocafort)

Amaltea

素食 €

11 见124页地图, C5

天花板上以蓝天为背景的壁画为这个受人欢迎的素食饭店奠定了基调。每日套餐(menús del día; €8.70和€10.70)供应一系列随季节变化的菜肴。晚间, 晚餐套餐(€11.50和€15.50)性价比很高, 自制甜品相当诱人。这个地方就像一个另类生活方式体验中心, 提供瑜伽、太极拳和肚皮舞课程。(93 454 86 13; www.restauranteamaltea.com; Carrer de la Diputació 164; 主菜 €5~9; 周一至周六13:00~16:00和20:00~23:30; ; M Urgell)

Tapas 24

西班牙小吃 €€

12 见124页地图, E3

原先海岸区Comerç 24的大厨Carles Abellan经营着这家地下室西班牙小吃酒吧, 这里以精致的传统美食著称。特色菜包括烤火腿芝士三明治(bikini; 火腿是腌过的, 主厨还特别加入了松露)和浓稠的西班牙墨鱼饭(arròs negre de sípia)。(93 488 09 77; www.carlesabellan.com; Carrer de la Diputació 269; 西班牙小吃 €4~9; 9:00至午夜; ; M Passeig de Gràcia)

当地生活

隐秘的餐厅

Speakeasy（☎93 217 50 80；www.speakeasy-bcn.com；Carrer d'Aribau 162-166；主菜 €22~28；⏲周一至周六13:00~16:00和20:00至午夜；Ⓜ Diagonal）是个隐秘的餐馆，藏身于Dry Martini（见133页）酒吧之后。你会看到一扇门，穿过开放厨房区即可到达"储物间"，两旁堆放着高品质烈酒。菜单包含诱人的菜品，例如，海螯虾野山菌水饺，或红薯泥鹿肉。

Cerveseria Catalana 西班牙小吃 €€

13 见124页地图，D3

这个所谓的"加泰罗尼亚自酿酒厂"是享用早中晚餐的上佳之选。早上来这儿喝咖啡、吃羊角面包，或者午间来这里享用西班牙小吃和迷你三明治（montaditos）。你可以坐在吧台、路边就餐区或者后面的餐厅里用餐。丰富多样的西班牙小吃和沙拉吸引了一群穿着考究的本地人和外来游客慕名前来。（☎93 216 03 68；Carrer de Mallorca 236；西班牙小吃 €4~11；⏲周一至周五8:00至次日1:30，周六和周日9:00至次日1:30；Ⓜ Passeig de Gràcia）

Chicha Limoná 地中海菜、比萨餐馆 €€

14 见124页地图，G1

圣琼大道（Passeig de Sant Joan）吸引了一批蓄着小胡子、穿着铅笔裤的人。明亮热闹的Chicha Limoná为他们提供了一处绝佳就餐地点。菜品经常变化，其中包括榅桲果酱烤章鱼、糖水苹果猪肉和英式奶油酥梨挞（套餐 €12.90）。同时提供自制比萨。（☎93 277 64 03；www.chichalimona.com；Passeig de Sant Joan 80；主菜 €10~16；⏲周二至周四8:30至次日1:00，周五8:30至次日2:00，周六9:30至次日2:00，周日9:30~17:00；📶；Ⓜ Tetuan）

Entrepanes Díaz 三明治 €€

15 见124页地图，D1

这是高端美味三明治行业的新风尚。餐厅干净整洁，颇为老式。供应从烤牛肉到烤乳猪的三明治，还有西班牙特色菜拼盘，例如，海胆和面拖虾。这里运营得得体考究，一些服务令人称赞。（☎93 415 75 82；Carrer de Pau Claris 189；三明治 €6~8，沙拉 €12；⏲周二至周六11:00至午夜，周日11:00~18:00；Ⓜ Diagonal）

Can Kenji 日本菜 €€

16 见124页地图，E1

如果你想在巴塞罗那尝尝日本风味，选这家准没错。这家低调小巧的居酒屋（izakaya）的主厨从巴塞罗那的市场采购新鲜食材，在传统日本烹饪的基础上增加了地中海风味。（☎93 476 18 23；www.cankenji.com；Carrer del Rosselló 325；主菜 €10~14；⏲13:00~15:30和20:30~23:30；Ⓜ Verdaguer）

了解当地
巴塞罗那的现代主义

19世纪末，巴塞罗那蓬勃发展，这座城市前卫的文化氛围仿佛就是为那些天才设计师而量身打造的，他们被称为现代主义流派。安东尼·高迪（1852~1926年）是其代表人物。他亲自倡导的文化运动带给这个原本平庸无奇的欧洲城市一场创新的革命，而他的成就超越了革命本身。

风尚

现代主义并非仅仅出现在巴塞罗那。对于英国人和法国人而言，这种风尚就是新艺术（art nouveau），德国人称之为Jugendstil，但是无论叫什么，其核心凝聚元素都是审美张力，意味着运动、光亮和活力。现代主义建筑师从历史中寻找灵感，特别是哥特式、伊斯兰风格和文艺复兴设计。最有意思的是，现代主义抛开了那些风格的条条框框，创造出令人振奋的混搭新风尚。

建筑师

高迪和另外两位紧随其后的建筑师多梅内克·蒙塔内尔（1850~1923年）和普伊赫·卡达法尔克（1867~1957年），都是加泰罗尼亚民族主义者。这种政治关联非常显著，现代主义变成一种表达加泰罗尼亚身份的方式，这种风尚几乎没有触及西班牙其他地方。高迪从哥特式风格中汲取了很多灵感，但也努力表现自己观察到的自然和谐。在他的作品中，直线条被废弃不用，植物和石头造型被广泛借鉴。高迪采用吊有铅垂线的复杂连续模型进行计算，他的作品至臻至美，使这场运动轰轰烈烈。

材料和装饰

采用石头、裸砖、裸露的钢铁框架，以及大量彩色玻璃和陶瓷做装饰是这种新风尚的特色。现代主义建筑师非常依赖工匠技艺，而这些工匠继承了业内大师的手艺，熟练掌握了几个世纪积累的利用这些材料的知识。建筑没有混凝土浇筑。高迪尤其依赖古老技艺，为了传承这些技艺，他甚至在神圣家族教堂的工坊开办学校。一些新型材料，如锻铁，也在这个时期发挥了作用。

当地生活

环保餐饮

Monvínic（☎93 272 61 87；www.monvinic.com；Carrer de la Diputació 249；主菜€24~32；⏲周二至周五13:30~15:30和20:00~22:30，周一和周六20:00~22:30；Ⓜ Passeig de Gràcia）以前俗称Fastvínic，是世界知名葡萄酒商场的"美食空间"（espacio culinario）。菜品已从三明治和小吃进化到精美甜品，例如，鸽子蘑菇玉米粥和甜菜挞。这是一个完全环保的项目，食材、葡萄酒和建筑材料全部从加泰罗尼亚采购。

Cata 1.81
西班牙小吃 **€€**

17 见124页地图，C4

店面设计精美，是享受优质葡萄酒和精致美食的好地方，如咸鳕鱼饺（raviolis amb bacallà）或土豆煎蛋卷配黑松露（truita de patates i tòfona negre）。最好的选择是在几种品尝套餐里面选择一个。（☎93 323 68 18；www.cata181.com；Carrer de València 181；西班牙小吃 €5.50~8；⏲周一至周六18:00至午夜；Ⓜ Passeig de Gràcia）

Taktika Berri
巴斯克菜、西班牙小吃 **€€**

18 见124页地图，C4

尽量早点去，因为许多食客都会前来品尝城里最棒的巴斯克式西班牙小吃。热气腾腾的小菜刚从厨房里端上来就被一抢而空，所以要盯紧点。晚上大约22:30打烊。（☎93 453 47 59；Carrer de València 169；西班牙小吃€3起，主菜€10~32；⏲周一至周五13:00~16:00和20:30~23:30，周六13:00~16:00；📶；Ⓜ Hospital Clínic）

Disfrutar
新派欧洲菜 **€€€**

19 见124页地图，B4

开业几个月内，Disfrutar便一跃成为巴塞罗那的顶级餐厅。名厨Ferran Adrià的El Bulli餐厅完全打破常规，而这家餐厅的老板来自El Bulli，经营理念如出一辙。（☎93 348 68 96；www.en.disfrutarbarcelona.com；Carrer de Vilarroel 163；品尝套餐€75/105/135；⏲周二至周六13:00~16:00和20:00~23:00；Ⓜ Hospital Clínic）

Cinc Sentits
各国风味 **€€€**

20 见124页地图，C4

进入"五重感官"的地盘享用让人合不上嘴的品尝套餐（这里不支持单点某道菜，不过套餐中的菜肴可应食客要求进行改动），由一系列小巧的实验性菜品组成。有一种午市套餐售价€55。（☎93 323 94 90；www.cincsentits.com；Carrer d'Aribau 58；品尝套餐€100/120；⏲周二至周六13:30~15:00和20:30~22:00；Ⓜ Passeig de Gràcia）

Casa Calvet
加泰罗尼亚菜 **€€€**

21 见124页地图，G3

餐厅所在地是一座早期的高迪建筑杰作，带有高迪标志性的曲线设计，可从大楼主入口的右侧入内。穿戴整齐，要个私密的木质包间（taula cabina），可以选择扇贝和竹蛏配香蒜沙司和荞麦，或者鹿肉配杜松和牛肝菌酱。（☎93 412 40 12；www.casacalvet.es；Carrer de Casp 48；主菜€28~31；⏰周一至周六13:00~15:30和20:30~23:00；Ⓜ Urquinaona）

饮品

Dry Martini

酒吧

22 见124页地图，B2

侍者脸上带着会心又狡黠的微笑，聆听你的鸡尾酒需求并且给予中肯的建议。你可以点一杯自酿饮品，绝对不会错。杜松子酒用超大酒杯盛装。（☎93 217 50 80；www.drymartiniorg.com；Carrer d'Aribau 162-166；⏰周一至周四13:00至次日2:30，周五和周六18:00至次日3:00，周日19:00至次日2:30；Ⓜ Diagonal）

Napar BCN

自酿酒吧

23 见124页地图，D4

作为巴塞罗那蓬勃发展的精酿啤酒行业的最新成员，Napar BCN供应12种桶装啤酒，其中6种为店内自酿，包括IPA啤酒、麦酒和烈性黑啤酒，还有一系列知名瓶装啤酒。这是一个非常出色的地方，提供一些令人无法抗拒的精美食物。（☎606 546467；www.naparbcn.com；Carrer de la Diputació 223；⏰周二至周四正午至午夜，周五和周六至次日2:00，周日正午至17:00；📶；Ⓜ Universitat）

Antilla BCN

夜店

24 见124页地图，B5

作为本市有名的萨尔萨舞厅，这个夜店推出古巴颂乐（Cuban son）、梅伦格舞以及其他舞蹈。周二至周五大约20:00或21:00开设舞蹈课程。登录www.antillaescueladesalsa.com了解详情。（☎93 451 45 64；www.antillasalsa.com；Carrer d'Aragó 141；周三至周四免费，周五和周六€10；⏰周三22:00至次日5:00，周四23:00至次日5:00，周五和周六23:00至次日6:00，周日19:00至次日5:00；Ⓜ Urgell）

Milano

鸡尾酒吧

25 见124页地图，E4

Milano是个地下老式鸡尾酒吧，配备天鹅绒沙发和玻璃橱柜，由身穿白色夹克的侍者照料，在街道上根本看不见。登录网站可查询偶尔上演的现场音乐的详情。（☎93 112 71 50；www.camparimilano.com；Ronda de la Universitat 35；⏰周一至周六正午至次日2:30，周日18:00至次日

独家贴士

The Gaixample

Gran Via de les Corts Catalanes北面、Rambla de Catalunya以西地带俗称Gaixample，因为这里遍布同性恋酒吧和餐馆。详细榜单见38页。

2:30；Ⓜ Catalunya）

Les Gens Que J' Aime
酒吧

26 见124页地图，E2

这个气氛温馨的20世纪60年代地下室遗址以爵士乐作为背景，伴着从跳蚤市场淘来的灯具发出的微弱亮光，小巧暗色的餐桌四周围绕着舒适窄小的红色天鹅绒靠背沙发。（☎93 215 68 79；www.lesgensquejaime.com；Carrer de València 286；⏰周日至周四 18:00至次日2:30，周五和周六19:00至次日3:00；Ⓜ Passeig de Gràcia）

City Hall
夜店

27 见124页地图，F4

这家夜店位于曾经的一个剧院内，需穿过一个狭长过道。浩室音乐和其他电子音乐大行其道，有时举办放克乐之夜，周日是同性恋之夜，名为Black Room。可登录网站了解详情。（☎93 238 07 22；www.cityhallbarcelona.com；Rambla de Catalunya 2-4；€10~15，含一杯饮品；⏰周三和周四午夜至次日5:00，周五和周六午夜至次日6:00，周日23:00至次日5:00；Ⓜ Catalunya）

购物

El Corte Inglés
百货商店

28 见124页地图，F4

这是目前市内唯一的百货商店，各种商品应有尽有。客户服务贴心到位，远近闻名（在西班牙，这种情形并不多见）。El Corte Inglés还有其他分店，分别位于Portal de l' Àngel 19-21、Avinguda Diagonal 617，以及弗朗西斯科马西亚广场（Plaça de Francesc Macià）附近的Avinguda Diagonal 471-473等地段。（☎93 306 38 00；www.elcorteingles.es；Plaça de Catalunya 14；⏰周一至周六9:30~21:30；Ⓜ Catalunya）

古董市场
古玩

29 见124页地图，D3

这个市场位于更加出名的Bulevard Rosa商场楼上，共有70余家铺面，大多数会在午餐时段歇业。市场里的收藏品从古老瓷器娃娃到精美水晶，从亚洲古董家具到古老法国物件，从非洲民族艺术到珠宝，包罗万象。（El Bulevard dels Antiquaris；☎93 215 44 99；www.bulevarddelsantiquaris.com；Passeig de Gràcia 55；⏰周一至周六10:30~20:30；Ⓜ Passeig de Gràcia）

Regia
化妆品

30 见124页地图，E3

Regia号称本市最佳香水店之一，从1928年营业至今，出售各种名牌香水，后面还有一个私人香水博物馆。除了香水，同时出售各类面霜、乳液和古龙水，店里还有自己的沐浴产品。（☎93 216 01 21；www.regia.es；Passeig de Gràcia 39；⏰周一至周六9:30~20:30；Ⓜ Passeig de Gràcia）

Cubiña
家庭用品

31 见124页地图，E1

这个开阔的店面是建筑师多梅内

西班牙啤酒Estrella Galicia

克·蒙塔内尔的作品之一。这里有家具、灯具和几乎所有令你期待的家居用品。首先从街上欣赏巨大、古怪的铁质装饰，然后走进店内，欣赏天花板、木艺、砖柱和窗户。（☎93 476 57 21; www.cubinya.es; Carrer de Mallorca 291; ⏰周一至周六10:00~14:00和16:30~20:30; M Verdaguer）

Adolfo Domínguez 时装

32 🔒 见124页地图，E3

这是西班牙知名成衣品牌之一，采用优质材料生产经典男女服装。款式多种多样，从高档酒会礼服到童装（可能让你想起英国贵族），应有尽有。各种款式通常投射出保守的风格，裁剪得当，并不比都市叛逆风格逊色。（☎93 487 41 70; www.adolfodominguez.com; Passeig de Gràcia 32; ⏰周一至周六10:00~21:00; M Passeig de Gràcia）

Joan Múrria 食品

33 🔒 见124页地图，E2

这个拥有百年历史的现代主义建筑的店面形象由画家拉蒙·卡萨斯（Ramon Casas）设计，是一个美食圣殿，包含来自加泰罗尼亚以及其他地方的特色美食。无数美食爱好者对这个美食圣殿动情。（☎93 215 57 89; www.murria.cat; Carrer de Roger de Llúria 85; ⏰周一至周五9:00~14:00和17:00~20:00; M Passeig de Gràcia）

顶级景点

神圣家族教堂

到达

Ⓜ 前往那里最简单的方式是经Sagrada Família站（2号线和5号线）到达。

🚶 神圣家族教堂距离格拉西亚大道1.5公里，路途平坦。

神圣家族教堂（La Sagrada Família）作为西班牙头号旅游景点，修建工作历时一个多世纪尚未竣工，是一处独一无二、无与伦比的建筑。作为巴塞罗那现代发展罪恶的赎罪地，这座巨型教堂成为高迪的神圣任务。教堂完工以后，将能容纳1.3万名信徒，是一栋中世纪风格的传奇艺术作品。教堂大量采用宗教图像和象征手法，同时兼具古老和现代风尚，足以令所有人为之动容。

远观神圣家族教堂全貌

不要错过

诞生立面

目前神圣家族教堂最令人印象深刻的就是诞生立面(Nativity Facade)让人赞叹的石头雕刻。退后一些，从最先完成(1930年)的外观设计体会这件非凡作品的整体感觉。然后走近细细欣赏雕塑形象(高迪采用当地人的形象作为石膏模型，以此为模板)和自然图案。

受难立面

受难立面(Passion facade)象征性地面对落日，没有华丽的装饰，寓意自明，同耶稣诞生立面的热闹场景形成鲜明对比。从“最后的晚餐”到“基督的葬礼”，耶稣受难的过程从下至上以S形顺序展开。留意一下那个密文，数字之和总是33。

隐秘画像

如果仔细观察耶稣受难立面，就会发现雕塑家Josep Subirachs给予高迪的一个特别致敬。中央雕塑群(钉上十字架的基督之下)从右往左包括身背十字架的基督、显示基督带血面容的维罗妮卡面纱、一对士兵，还有注视这一切的一个福音传道者。Subirachs采用高迪生前拍摄的一张罕见照片作为这个福音传道者的面容原型。

荣耀立面

荣耀立面(Glory facade)是所有立面之中最奇特的。它带有一个由16个“灯笼式构造”组成的门厅，而这些“灯笼”指的是一个个顶端为圆锥形的双曲面体，就像用融化的冰激凌做成的管风琴。高迪只是做了初步的设计，但是寓意明显：荣耀基督和化圣之路。

www.sagradafamilia.cat

Carrer de Mallorca 401

成人/优惠/11岁以下 €15/13/免费

4月至9月 9:00~20:00，10月至次年3月 至18:00

M Sagrada Família

独家贴士

- 提前上网购票以免排队。
- 全天提供导览游，全程50分钟，亦可选择语音导览(75分钟)。
- 订一张包含参观一个塔楼的票。
- 最佳游览时间是工作日刚开放的时段。

吃喝落脚点

我们不太推荐爱尔兰酒馆，但是**Michael Collins Pub**(93 459 19 64；www.michaelcollinspubs.com；Plaça de la Sagrada Família 4；周日至周四13:00至次日2:30，周五和周六 13:00至次日3:00；；M Sagrada Família)货真价实，非常地道，连本地人都经常光顾。

内部和半圆形后殿

教堂内部由许多角度特别的柱子支撑。为了能让支柱向上支起天花板，他们设计了网形的分支支柱，创造出森林树冠般的效果。树的意象绝非偶然，这是高迪有意设计的效果。所有一切都经过了深思熟虑，包括窗户的形状和位置，以保证当阳光照射进来时能够产生光线穿过浓密森林枝丫的斑驳效果。

立柱和彩色玻璃

立柱由4种不同的岩石打造而成，从沿着侧廊排列的柔软的蒙特惠奇山石柱到花岗岩、深灰色玄武岩，再到最后用于中殿和耳堂连接处关键承重柱的深浅紫红色相间的伊朗斑岩，它们除了颜色不同外，承载强度也各不相同。彩色玻璃分为红、蓝、绿、赭几种，在阳光的照射下，呈现出一种朦胧、奇异美妙的氛围。

地下室

地下室于1885年最先建成，从主半圆形后殿的地板孔眼能够看到。采用新哥特式风格，也是高迪的埋葬地点。虽然教堂其他部分已经建成，地下室仍然经常作为主要礼拜地点。

塔楼

3个立面的塔楼代表12使徒（目前已经建成8个）。电梯可直达诞生立面和受难立面（后者游人更多）的一个塔楼，那里景色无与伦比。最终会有18座塔

La Sagrada Família
神圣家族教堂

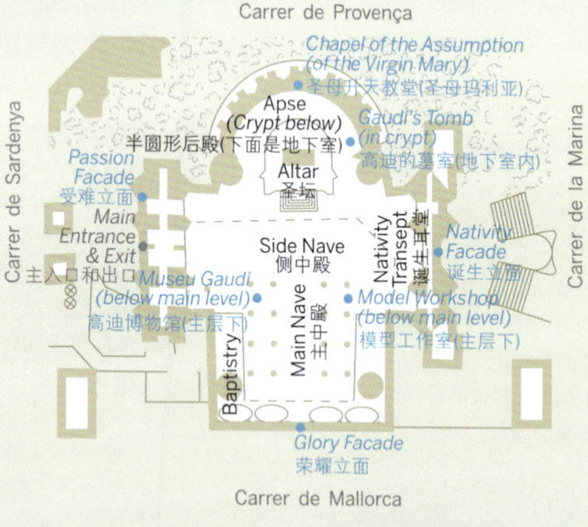

楼——分别代表12位使徒、4位福音传道者、圣母玛利亚和基督——建成之后，这里将成为世界最高的教堂建筑。

高迪博物馆

高迪博物馆（Museu Gaudí）展示了老照片、画作和代表高迪奇思妙想的神圣家族教堂的模型。你能在这里看到高迪惯用的极其复杂的铅垂线模型中的一个。参观这座博物馆的过程就是探索这位伟大建筑家的思想之旅。一些模型倒置，这是高迪深入研究建筑形态和结构平衡的方式。

附近的圣保罗现代主义建筑群

神圣家族教堂以北500米，还有另外一座现代主义代表建筑。作为建筑师和慈善家的多梅内克·蒙塔内尔通过完成现代主义风格的圣十字和圣保罗医院（Hospital de la Santa Creu i de Sant Pau；从2014年开始被称为“圣保罗现代主义建筑群”；见126页）实现了对自己的超越。多梅内克·蒙塔内尔想要营造一种能够使病人振作的环境。一些艺术家为这里贡献了雕塑作品、陶瓷制品及艺术品，这其中包括多产的Eusebi Arnau。亮点包括16个装饰奢华的展馆。根据需求提供多语种导览游（成人/优惠 €16/11.20）。

了解当地

安东尼·高迪

安东尼·高迪（1852~1926年）生于雷乌斯（Reus），一开始是学习金属工艺，1878年获得建筑学位。虽然他是现代主义运动（见131页）的一分子，但是也拥有自己的独特风格。他的作品中常见的主题就是自然和谐，几乎很少看见支线，真实和虚幻以及清醒和醉梦之间的分界全部被模糊处理。他不仅视角宏大，而且痴迷细节，诞生立面的逼真塑像印证了这一点。随着年龄增长，高迪的关注点几乎完全转向宗教，1915年起，他放弃了其他所有项目，全身心投入神圣家族教堂。高迪1926年去世时（被Gran Via de les Corts Catalanes上的有轨电车撞倒身亡），神圣家族教堂仅仅建成不到四分之一。现在教堂已经建设长达130多年，预计竣工时间是2026年。当被问及这个旷日持久的工程之时，高迪回答说：“客户不急。”

当地生活
格拉西亚乡村生活

到达和离开

从古埃尔公园出发，经过一段下坡路，到达格拉西亚。

Ⓜ Fontana站（3号线）或Joanic站（4号线）。

🚆 乘坐市郊列车从市中心的Catalunya站到Gràcia站。

格拉西亚（Gràcia）位于扩建区和古埃尔公园之间，直到1897年还是一个独立的村庄。时至今日，那些逼仄狭窄的街巷和纵横交错的广场仍然保持着一种独特的乡村气息。有些地点新潮时髦，有些地段快速现代化。格拉西亚是巴塞罗那最兼容并包的地区，从灯光昏黄的酒馆到注重环保的精品店，无所不包。

❶ 加泰罗尼亚经典餐饮

作为古老的酒吧之一，**Bar Bodega Quimet**（☎93 218 41 89；Carrer de Vic 23；西班牙小吃€3起；⏲周一至周五 14:00~23:30，周六和周日 13:00~23:30；Ⓜ Fontana）氛围怡人，老酒瓶堆放在墙边，还有光洁的木质吧台，以及丰富的西班牙小吃。

❷ 当地市场

Mercat de la Llibertat（☎93 217 09 95；www.mercatllibertat.com；Plaça de la Llibertat 27；⏲周一至周五 8:00~20:00，周六 8:00~15:00；FGC Gràcia）建于19世纪70年代，1893年采用现代主义风格装饰，由高迪的长期助手Francesc Berenguer i Mestres设计。

❸ 人道风尚

在**Amapola Vegan Shop**（☎93 010 62 73；www.amapolaveganshop.com；Travessera de Gràcia 129；⏲周一至周六 11:00~14:30和17:00~20:30；Ⓜ Fontana or Diagonal），时尚单品全部不含与动物相关的材料。你会见到邮差包、芭蕾式平底鞋和带有"Another Fucking Vegan"（又一个素食分子）和"No como mis amigos"（我可不吃同伴）等标语的T恤衫。

❹ 怀旧购物

Doctor Paper（☎93 237 58 57；www.doctorpaperbcn.com；Travessera de Gràcia 130；⏲周一至周六10:30~14:00和17:00~20:30；FGC Gràcia）是个充满乐趣的小商店，出售发条机器人、飞机DIY用具、老式明信片和彩色搪瓷杯等。

❺ 礼品选择

Magnesia（☎93 119 01 87；www.magnesiabcn.com；Carrer del Torrent de l' Olla 192；⏲周一至周五10:30~14:00和16:30~20:00，周六10:30~14:00；Ⓜ Lesseps or Fontana）是个令人心醉的小商店，以至于你恨不得打包购买所有物品。出售童话般的文具、挂画、点睛首饰、陶瓷制品和老式玩具。

❻ 总督夫人广场

总督夫人广场（Plaça de la Virreina）一边是低矮房屋，另一边是17世纪圣琼教堂（Església de Sant Joan）。因此，它是格拉西亚乡村气息最浓郁的广场之一。广场上摆放着户外桌椅，是当地人的休闲中心。

❼ 当地酒吧

Bar Canigò（☎93 213 30 49；Carrer de Verdi 2；⏲周一至周五10:00至次日2:00，周六20:00至次日3:00；Ⓜ Fontana）历史悠久，位于一个充满生机的广场上，当地人在这里边喝边聊。在冬季尤其受欢迎。

❽ 咖啡文化

La Nena（☎93 285 14 76；www.chocolaterialanena.com；Carrer de Ramón y Cajal 36；甜点€4.50起；⏲9:00~22:00；👪；Ⓜ Fontana）因其提供的热巧克力（suïssos）和绵软甜饼干（melindros）成为这个区域最受欢迎的咖啡馆之一。后面有一大片地方供儿童玩耍。

顶级景点

古埃尔公园

到达

Ⓜ 可从Vallcarca站和Lesseps站（3号线）步行到这里，沿途都有路标。

🚌 24路通往公园顶部附近的一个入口。

古埃尔公园（Park Güell）是高迪最受青睐的作品之一，位于市中心的一座山坡上。这个神奇的公园原本是巴塞罗那富人的封闭游乐园。从古埃尔公园起，高迪开始转向园艺作品，结果就建成了这片面积宽广、乐趣十足的绿色区域，其间点缀着鬼斧神工的建筑作品，镶嵌的瓷片闪闪发亮。令人印象深刻的是，这里的人工景观似乎比天然景观还要逼真。

古埃尔公园的El Drac（龙）

不要错过

阶梯和柱式大厅

入口向上的阶梯和两个童话《韩塞尔与葛雷特》式门楼是一组马赛克拼贴作品，包括喷泉、古老的加泰罗尼亚符号和一个经常被拍照的半龙半蜥蜴怪兽。阶梯一直通向柱式大厅（Sala Hipóstila）。这里有86根立柱，部分柱子就像是被时间的重量压弯了的大树一般。大厅最初是作为一处市场建造的。

弯曲长凳

柱式大厅上面一处宽阔开放的空间，其中的亮点是弯曲长凳（Banc de Trencadís）。这是一条贴有瓷砖的弯曲长椅，也被视为神秘的巨蛇，是高迪设计理念中典型的海上波浪形态。虽然形态由高迪负责，但是碎瓷片的表面设计其实出自高迪得力助手Josep Maria Jujol之手。

高迪故居博物馆

弯曲长凳东边的尖顶房屋就是**高迪故居博物馆**（Casa-Museu Gaudí；www.casamuseugaudi.org；成人/学生/儿童 €5.50/4.50/免费；4月至9月9:00~20:00，10月至次年3月10:00~18:00）。高迪最后的20年（1906~1926年）基本居住于此。屋内包含由他设计的家具和其他纪念品。内部朴素，同那些他所设计的奢华建筑形成鲜明对比，令人好奇。

高架桥

公园东端最显眼的景观是高架桥，是高迪为了解决游人以及车辆（不是水）入园的问题而设计的。斜柱和当地石头产生了一种惊人的效果，似乎出自童话故事，让人感觉整个建筑就是在山峰本身上雕琢出来的。

www.parkguell.cat

Carrer d' Olot 7

中心区域门票 成人/儿童 €8/6

5月至8月8:00~21:30，9月至次年4月至20:00

24、32，M Lesseps或Vallcarca

独家贴士

- 如果搭乘地铁出行，到达最好选择Vallcarca站；离开最好选择Lesseps站。
- 注意细节：陶瓷碎片装饰着弯曲长凳的一部分。
- 可在工作日早点前来，避开夏季的周末。

吃喝落脚点

在开始公园之旅前或者结束旅程的时候，可到**La Panxa del Bisbe**（93 213 70 49；Carrer del Torrent de les Flors 156；西班牙小吃€8~14，品尝套餐€30起；周二至周六13:30~15:30和20:30至午夜；M Joanic）享用美味的西班牙小吃和美妙的葡萄酒。

探索

蒙特惠奇山、波布塞克和圣安东尼

隐现在大海和城市上方的蒙特惠奇山（Montjuïc）是一个处处是绿地和花园的秀丽之地，其中一流的博物馆和遗迹分布各处，曾在1992年夏季奥运会中占据重要地位。山脚下是波布塞克（Poble Sec），这里拥挤的街道是喧嚣酒吧的发源地，西班牙小吃随处可见。只要跨越Avinguda del Paral·lel，就能在圣安东尼（Sant Antoni）看见这样的晚餐和夜生活场景。

一日游行程

温馨提示：山上的就餐选择有限且价格较高，因此最好从**博盖里亚市场**（见74页）打包一份便当作为午餐。无论你选择何种方式到达，我们都建议你乘坐始发于小巴塞罗那的**港口缆车**（见156页），从山顶开始往下走。在**蒙特惠奇山城堡**（见156页）和**米拉多花园**（见158页）可以看到壮丽的风景。在**莫森·辛多维达·格尔花园**（见158页）找一个安静角落吃午餐前，可以先参观**米罗基金会美术馆**（见150页）。

在**巴塞罗那奥林匹克公园**（见157页）一睹巴塞罗那的奥运风采后，余下的午后时光可以去著名的**加泰罗尼亚国家艺术博物馆**（见146页）探索加泰罗尼亚的宝藏。即便你没有时间去博物馆里观赏，也可以看一下设在瞩目的现代主义大楼里的**卡依夏艺术馆**（见156页）。

在去寻找**Quimet i Quimet**（见160页）的美味西班牙小吃和**Fàbrica Moritz**（见160页）的冰滴咖啡前，尽量在这里等一下**魔幻喷泉**（左图；见157页）表演。回到蒙特惠奇山上，伴着美妙的景色在**La Caseta del Migdia**（见161页）小酌一杯，或是在**La Terrrazza**（见161页）跳一支舞，结束晚间的旅程。

想体验圣安东尼和波布塞克当地人的夜生活，见152页。

顶级景点

加泰罗尼亚国家艺术博物馆（见146页）

米罗基金会美术馆（见150页）

当地生活

圣安东尼和波布塞克夜生活（见152页）

巴塞罗那最佳

艺术和设计展览

加泰罗尼亚国家艺术博物馆（见146页）

米罗基金会美术馆（见150页）

卡依夏艺术馆（见156页）

西班牙小吃

Tickets（见161页）

Quimet i Quimet（见160页）

Bar Ramón（见153页）

到达和离开

M 地铁 Paral·lel站（2号线和3号线），然后乘坐索道（9:00~22:00）前往Estació Parc Montjuïc，然后有缆车可以到达更高的地方。

公共汽车 50路、55路和61路公共汽车，或193路，从Plaça d'Espanya至castell。

缆车 港口缆车从小巴塞罗那的Torre de Sant Sebastiá至蒙特惠奇山。

顶级景点

加泰罗尼亚国家艺术博物馆

巴塞罗那最好的艺术收藏在国家宫（Palau Nacional）内，可以从这里俯瞰这座城市，这里也是1929年世界展览会上最辉煌的亮点。丰富的收藏品始于一系列令人震撼的、来自加泰罗尼亚比利牛斯山脉的罗马式壁画，在毕加索和达利的作品中结束，展品从豪华的哥特式变换到文艺复兴时期风格，再到巴洛克风格。虽然这里有大量的精妙绝伦的艺术品，但更令人无法忘怀的是其纯粹与深厚的艺术气息。

见154页地图，C3

www.museunacional.cat

Mirador del Palau Nacional

成人/学生/儿童 €12/8.40/免费，周六15:00后和每月第一个周日免费

周二至周六10:00~20:00，5月至9月 周日至15:00，10月至次年4月 周二至周六至18:00

M Espanya

加泰罗尼亚国家艺术博物馆前普伊赫·卡达法尔克设计的4根圆柱

不要错过

罗马式建筑壁画

罗马式风格艺术区的陈列堪称完美，有欧洲最好的收藏品。它主要由11世纪和12世纪加泰罗尼亚比利牛斯山脉的教堂的壁画组成。所有壁画都是匠心独具的，而最杰出的两幅藏品莫过于*Església de Sant Climent de Taüll*（7号展室）和*Església de Santa Maria de Taüll frescoes*（9号展室）。

哥特式收藏品

中世纪宗教艺术的爱好者会在位于一层的哥特式艺术展览区中流连忘返。这里的主要藏品由纹理深入的祭坛装饰和其他作品组成，其中还包括加泰罗尼亚画家Bernat Martorell和Jaume Huguet的画作。在这里可以找到Jaume Cascalls的雕塑作品《基督之首》（*Head of Christ*），是一尊令人难以忘怀的创作于1352年的半身雕塑像。

埃尔·格列柯和弗拉·安杰利科

在告别哥特年代上楼之前，有两幅画作值得仔细和耐心地欣赏。第一幅是Doménikos Theotokópoulos的《圣彼得与圣保罗》（*Saint Peter and Saint Paul*, 1595~1600年），更多人称他为埃尔·格列柯（El Greco）。第二幅是弗拉·安杰利科（Fra Angelico）的作品《麦当娜的谦卑》（*Madonna of Humility*, 1433~1435年），是一幅理想化的、与埃尔·格列柯的轻柔、绵长的作品截然相反的画作。

西班牙大师

穿过高耸的展厅后，登上二层，那里有17世纪西班牙艺术大师们的踪迹。与弗朗西斯柯·德·苏巴朗（Francisco de Zurbarán）的《圣母无染原罪》

☑ 独家贴士

- 如果要参观更多的巴塞罗那博物馆，可以考虑以€30购买包含此馆及5个其他博物馆行程的Articket BCN（见80页）。
- 记得在博物馆前的台阶上观赏优美的景致。日落时这里有很多人。
- 另外5个极佳的观景点在博物馆的屋顶露台处，还可以在那儿喝上一杯。

吃喝落脚点

一层有一处休闲咖啡馆可以享用饮料、三明治和甜点。

二层有布置优美的**Oleum**（位于加泰罗尼亚国家艺术博物馆；主菜 €18~27；周二至周六12:30~16:00，周五和周六8:30~23:30）供应昂贵、高端的地中海美食，还能欣赏到城市的绝佳美景。

Museu Nacional d'Art de Catalunya
加泰罗尼亚国家艺术博物馆

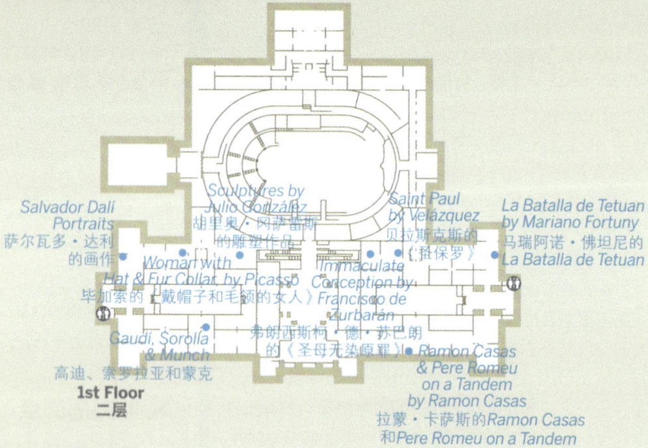

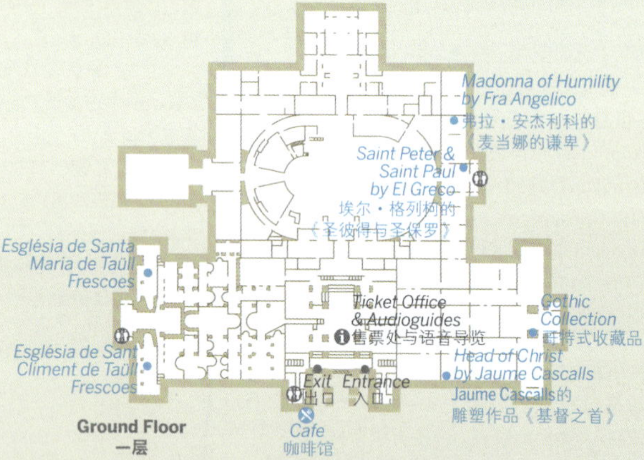

加泰罗尼亚国家艺术博物馆的雕塑作品

(*Immaculate Conception*, 1632年)相对的是39号展室内他那幅令人难以理解的《亚西西的方济各》(*Saint Francis of Assisi*)。附近的41号展室展出着胡塞佩·德·里贝拉(Josep de Ribera)的作品和贝拉斯克斯(Velázquez)的大师之作《圣保罗》(*Saint Paul*, 1619年)。

加泰罗尼亚大师

二层主要展出的是加泰罗尼亚画家的作品，你可以更深入地了解在加泰罗尼亚以外名气不大的艺术家。有太多作品让人目不暇接，但你可以重点关注马瑞阿诺·佛坦尼(Mariano Fortuny)的*La Batalla de Tetuan*(1863~1873年)和现代主义画家拉蒙·卡萨斯(Ramon Casas, 1866~1932年)的作品，特别是*Ramon Casas*和*Pere Romeu on a Tandem*(1897年)这两幅画作。

高迪、索罗拉亚和蒙克

一些由安东尼·高迪和若阿金·米尔(Joaquim Mir, 1873~1940年)创作的家具延续了加泰罗尼亚的主题——后者的《梯田村》(*Terraced Village*, 1909年)是一幅美好的作品。但是还有两件作品落在了这些相对单一系列的加泰罗尼亚艺术品之中，出自毋庸置疑的欧洲大师之手：巴伦西亚画家华金·索罗拉亚(Joaquín Sorolla)和挪威人爱德华·蒙克(Edvard Munch)。

毕加索和达利

所有人都会前来欣赏萨尔瓦多·达利两幅素净的画作：《父亲的肖像》(*Portrait of my Father*, 1925年)和《琼·玛利亚·托雷斯的肖像》(*Portrait of Joan Maria Torres*, 1921年)。毕加索的画迷们也可以在此一饱眼福，《戴帽子和毛领的女人》(*Woman with Hat and Fur Collar*, 1937年)是博物馆最杰出作品之一。

胡里奥·冈萨雷斯

看过这些著名作品后，大多数游客会选择离开，但我们建议你多待一会儿以便欣赏20世纪最早的加泰罗尼亚雕塑家胡里奥·冈萨雷斯(Julio González, 1876~1942年)的雕塑作品。他的抽象人形，比如《静物Ⅱ》(*Still Life Ⅱ*, 1929年)中的那些形象，都带着柔和的魅力。

顶级景点
米罗基金会美术馆

这个画廊是为纪念20世纪最伟大的艺术家之一胡安·米罗（1893~1983年）所建，是一处必游之地。美术馆内有胡安·米罗作品中最杰出的单一藏品，包括他的将近220幅油画、180件雕塑作品、一些纺织品和超过8000张素描草图。只有比较小的一部分曾经展出过，但从他的早期画作到他形成独特的个人风格时期的代表作品都是可以看到的。

见154页地图，E3

www.fmirobcn.org

Parc de Montjuïc

成人/儿童 €12/免费

周二至周六10:00~20:00，周四至21:00，周日和假期至14:30

55、150，Paral·lel

建筑师何塞普·圣路易斯·塞尔特（Josep Lluís Sert）的作品——米罗基金会美术馆

不要错过

风格形成时期

16号展室 年轻的胡安·米罗像大多数大师一样，从创作具象画开始，但1920年移居至巴黎促使他转变为前卫派风格。创作于1925年的《油画（白手套）》[*Painting*（*The White Glove*）]带着毋庸置疑的米罗意识，即把一切打破又重新组合的奇想。

战争年代

17号展室 米罗在西班牙内战（1936~1939年）期间大部分时间都流亡于法国，这一时期他的作品都一反常态的阴郁。在第二次世界大战期间，他处理油画的方式改变了，反映了逃避现实的渴望，就如同在《启明星》（*The Morning Star*，1940年）和《渴望逃离的女人》（*Woman Dreaming of Escape*，1945年）里鲜明的用色和天真的人物形象所强调的一样。

20世纪60年代和纸上作品

19号展室和20号展室 19号展室中展出了米罗20世纪60年代色彩生动的画作，尤其是创作于1963年的《油画（献给埃米尔·费尔南德斯·米罗）》[*Painting*（*for Emil Fernandez Miró*）]和《月光下的加泰罗尼亚农民》（*Catalan Peasant in the Moonlight*，1968年），但这种色彩在20展室戛然而止。这里的玻璃柜中展出了他跨越50年的油画。

Col·lecció Katsuta

21号展室和22号展室 这是对他创作生涯的回顾，从他青年时代朴素的加泰罗尼亚风景画[比如，从21号展室的《Mont-Roig的风景》（*Landscape, Mont-Roig*）]开始，直到22号展室里娴熟和具有神秘感的《一滴泪的微笑》（*The Smile of a Tear*，1973年）为止。

☑ 独家贴士

- 为了更好地享受行程，可以另外多付€5租借多媒体导览器，里面包含了一些主要作品的解说、米罗的生平和作品的更多信息，还有图像和照片。
- 一开馆就入场的话游客最少。
- 参观完画廊后，可以从博物馆处下坡前往花园，漫步享受优美的风景。

吃喝落脚点

在博物馆附近有一间舒适明亮的餐厅，提供食材新鲜的地中海菜式。邻近的室外露台也是小酌一杯的好地方。

从博物馆出门后向右走不远就是**La Font del Gat**（☎93 289 04 04；www.lafontdelgat.com；Passeig de Santa Madrona 28；主菜 €16~21；⏲周二至周五 10:00~18:00，周六和周日 正午开始），供应高端加泰罗尼亚美食，在室外露台就餐。

当地生活

圣安东尼和波布塞克夜生活

对本地人来说，波布塞克和附近的圣安东尼是如今最热门的目的地，有一系列热闹的咖啡馆、酒吧和餐馆，将许多年轻人和潮人群体吸引到了这个巴塞罗那曾经沉睡的角落。这一片本是因为西班牙小吃酒吧的小吃发展起来的，后来这里发展成了更大的酒吧和夜总会场所。

❶ 美食明星

Bodega 1900（☎93 325 26 59；www.bodega1900.com；Carrer de Tamarit 91；西班牙小吃 €5~14；⏲正午至16:00和19:00~23:30；Ⓜ Sant Antoni）是Albert Adrià的最佳饮食去处。你可以亲眼看见新鲜出炉的精美菜式端上餐桌，比如mollete de calamars，搭配干红辣椒蛋黄酱（chipotle mayonnaise）、泡菜（kim chi）和碎柠檬皮（lemon zest）。

❷ 西班牙小吃和摇滚乐

Mercat de Sant Antoni附近的**Bar Ramón**（☎93 325 02 83；www.barramon.com；Carrer del Comte Borrell 81；西班牙小吃€5~12；⏲周一至周六 20:30至午夜，周五和周六 9:00~16:00；Ⓜ Sant Antoni）开业于20世纪30年代有丰盛的西班牙小吃菜品，包括鱿鱼、肉丸、酿蘑菇、章鱼。

❸ 澳洲风情

Federal（☎93 187 36 07；www.federalcafe.es；Carrer del Parlament 39；主菜 €9~12；⏲周一至周四 8:00~23:00，周五 9:00至次日1:00，周六 9:00至次日1:00，周日 9:00~17:30；📶 🥗；Ⓜ Sant Antoni）。气氛轻松愉快，有一流的早午餐，还有健康美味的餐食、纸杯蛋糕和高品质的咖啡，都是全天候供应的。

❹ 露台酒宴

Bar Calders（☎93 329 93 49；Carrer del Parlament 25；⏲周一至周五 17:00至次日2:00，周六 11:00至次日2:30，周日 11:00至午夜；Ⓜ Sant Antoni）作为一个全天候咖啡馆和西班牙小吃酒吧来说，是无法超越的。店外狭小的人行横街上放置了几张桌子，这成了附近波希米亚一族最青睐的聚集地。

❺ 特色小窝

一连串点缀其中的跳蚤市场，再伴着朦胧交错的紫、红、黄三色灯光，让**Tinta Roja**（☎93 443 32 43；www.tintaroja.cat；Carrer de la Creu dels Molers 17；⏲周三 20:30至次日1:00，周四 至次日2:00，周五和周六 至次日3:00，Ⓜ Poble Sec）成了一个可以小酌的私密之处，后面偶尔还有演出。

❻ 颓废之风

El Rouge（☎666 251556；Carrer del Poeta Cabanyes 21；⏲周一 23:00至次日2:00，周二和周四 20:00至次日2:00，周五和周六 22:00至次日3:00；📶；Ⓜ Poble Sec）是一家大厅艳红的鸡尾酒吧，看见它，"诱惑"会是最直接地出现在你脑海中的词。墙上挂满了重框油画、昏暗的灯盏和镜子，座椅也没有一模一样的。这里有许多文化活动：诗朗诵、戏剧表演、艺术展览等。

❼ 波希米亚酒窖

在**Gran Bodega Saltó**（☎93 441 37 09；www.bodegasalto.net；Carrer de Blesa 36；⏲周一至周四 19:00至次日2:00，周五和周六 正午至次日3:00，周日 正午至午夜；Ⓜ Paral·lel），酒桶的次序道出了这个酒吧作为传统酒窖的历史。如今，在用一些奇异的灯饰、小雕塑和旧的中国啤酒广告重新装点后，这家店充满吸引力。

❽ 舞厅终曲

标志性的**Sala Apolo**（☎93 441 40 01；www.sala-apolo.com；Carrer Nou de la Rambla 113；俱乐部 €12~18，音乐会不定；⏲周一至周四 00:30至次日5:00，周五和周六 00:30至次日6:00；Ⓜ Paral·lel）是一座不错的老剧院，这里到处都是红色的天鹅绒。晚间较早的时候会有音乐会，DJ们要在午夜之后才会开始狂欢。

A
B
C
D
1
2
3
4
5
C de la Creu Coberta
Plaça d'Espanya
Av del Paral·lel
SANT ANTONI
圣安东尼
14
Poble Sec
Espanya
Gran Via de les Corts Catalanes
Av de la Reina Maria Cristina
Fira de Barcelona
Plaça de l'Univers
C de la Font Honrada
C de Ricart
C de la Bòbila
12
C de Mèxic
C de Sant Fructuós
Av de Rius i Taulet
C de Lleida
C de la França Xica
2 CaixaForum 卡依夏艺术馆
5 Font Màgica 魔幻喷泉
Plaça del Marquès de Foronda
Plaça de Margarida Xirgu
Av de Francesc Ferrer i Guàrdia (Av del Marquès de Comillas)
C de la Dàlia
Plaça de les Cascades
6 Museu Etnològic 人类学博物馆
3 Poble Espanyol 西班牙民俗村
17
Av dels Montanyans
Mirador del Palau Nacional
Museu Nacional d'Art de Catalunya (MNAC) 加泰罗尼亚国家艺术博物馆
Pg de Santa Madrona
Jardins de Laribal
Plaça del Pare Eusebi Millan
Jardins de Joan Maragall
Av de l'Estadi
Museu Olímpic i de l'Esport 奥林匹克和体育博物馆 9
Antic Jardí d'Aclimatació
Pg Olímpic
Plaça d'Europa
Pg de Minici Natal
Plaça de Nemesi Ponsati
4 L'Anella Olímpica & Estadi Olímpic 巴塞罗那奥林匹克公园
详细介绍请见
顶级景点 146页
景点 156页
就餐 160页
饮品 161页
Jardí Botànic 植物园 8
Parc del Migdia
MONTJUÏC 蒙特惠奇山

E
F
G
H
16
13
0
400 m
0
0.2 miles
Av del Paral·lel
Paral·lel
1
2
3
4
5
Parc de les Tres Xemeneies
C de Palaudàries
C de Vila i Vilà
C de Piquer
C de Cabanes
C de Blesa
C Nou de la Rambla
10
11
C de Blai
C de Margarit
C de Blasco de Garay
C de la Concòrdia
C de Radas
C de la Creu dels Molers
POBLE SEC
波布塞克
Plaça del Sortidor
C de Tapioles
C del Poeta Cabanyes
C de Salvà
C del Roser
C de la Fontrodona
C d'Annibal
Pg de l'Exposició
MUHBA Refugi 307
7
巴塞罗那历史博物馆防空洞307
Pg de Montjuïc
Transbordador Aeri (Miramar)
Plaça de Carlos Ibáñez
Plaça de l'Armada
Pg de la Font Trobada
Pg de Miramar
Av de Miramar
C de Montjuïc
Jardins de Miramar
Jardí de les Escultures
Fundació Joan Miró
米罗基金会美术馆
Av de Miramar
Plaça de Neptu
Estació Parc Montjuïc
Plaça de Dante
Jardins de Joan Brossa
Jardins de Mossèn Costa i Llobera
莫森・考斯塔・约贝拉花园
Plaça de la Sardana
Jardins de Mossèn Cinto de Verdaguer
莫森・辛多维达・格尔花园
Estació Mirador
C dels Tres Pins
C del Doctor Font i Quer
Jardins del Mirador
米拉多花园
C de Montjuïc
Carretera de Miramar
Carretera de Miramar
Ronda del Litoral
Camí Baix del Castell
Av del Castell
Pg del Migdia
C de la Cartoixa
Castell
Castell de Montjuïc
1
蒙特惠奇山城堡
Camí del Mar
Estació del Port
Moll de la Costa
15

景点

蒙特惠奇山城堡

堡垒、花园

1 见154页地图，F5

这座冷峻的城堡占据了蒙特惠奇山的东南高处，并且享有居高临下的地中海风景。从它现在的形态可以看出，城堡建于17世纪晚期到18世纪。在过往黑暗历史时期，城堡曾经用于监视这个城市，且一度是政治监狱和屠杀之地。(Castell de Montjuïc; ☎93 256 44 45; www.bcn.cat/castelldemontjuic; Carretera de Montjuïc 66; 成人/儿童 €5/免费，周日15:00后免费；⌚4月至10月 10:00~20:00，11月至次年3月 至18:00；🚌150, Telefèric de Montjuïc, Castell de Montjuïc)

独家贴士

缆车出行

从小巴塞罗那到蒙特惠奇山最快的方式是搭乘**港口缆车**(Teleférico del Puerto; www.telefericodebarcelona.com; Av de Miramar, Jardins de Miramar; 单程/往返 €11/16.50；⌚3月至10月 11:00~19:00，11月至次年2月 至17:30；🚌50、153)，缆车上能看到雄伟壮阔的海洋与城市景观。在蒙特惠奇山上，另有一架**蒙特惠奇山缆车**(Telefèric de Montjuïc; www.telefericdemontjuic.cat; Av de Miramar 30; 成人/儿童 单程 €8/6.20；⌚6月至9月 10:00~21:00，10月至次年5月 至19:00；🚌55、150)从Estació Parc Montjuïc运行至蒙特惠奇山城堡(Castell de Montjuïc)。这两个缆车站相距大约1.3公里。你也可以搭乘从Paral·lel地铁站发车的**索道缆车**到达蒙特惠奇山缆车，并且它的车费也算在地铁车费系统中。

卡依夏艺术馆

画廊

2 见154页地图，B2

卡依夏建筑学会以其对当代艺术的投入(以及所有权)为荣。这间设在巴塞罗那的最重要的艺术展览空间拥有学会从全球搜集来的海量展品的一小部分。这里由一个旧工厂全新翻修而得，工厂叫Fàbrica Casaramona，是一座由普伊赫·卡达法尔克(Puig i Cadafalch)设计的杰出现代主义砖砌建筑。1940~1993年，这里安置过警方骑兵分队中的第一骑兵中队(the First Squadron)——队中共有120匹马。(Caixa Forum; ☎93 476 86 00; www.fundacio.lacaixa.es; Avinguda de Francesc Ferrer i Guàrdia 6-8; 成人/学生和儿童 €4/免费，每月第一个周日免费；⌚10:00~20:00; Ⓟ; Ⓜ Espanya)

西班牙民俗村

文化中心

3 见154页地图，A3

欢迎来到西班牙！在这里你可以看到西班牙的全部！这个“西班牙村落”是庸俗纪念品猎手的噩梦，同时也是一本引人入胜的西班牙建筑剪贴画簿，这些建筑是

CATARINA BELOVA/SHUTTERSTOCK ©

西班牙民俗村

为1929年世界博览会中西班牙手工艺品展区所建。你可以从安达卢西亚闲逛到巴利阿里群岛，观赏到一些西班牙特色建筑中意料之外的好作品。(Poble Espanyol; www.poble-espanyol.com; Avinguda de Francesc Ferrer i Guàrdia 13; 成人/儿童 €12/7; 周一 9:00~20:00，周二至周四和周日 至午夜，周五和周六 至次日3:00; 13、23、150; M Espanya)

巴塞罗那奥林匹克公园 奥运会场

4 见154页地图，C4

L'Anella Olímpica（奥运之环）是一组为1992奥运会主要项目建造的设施，包括举办游泳和潜水项目的**Piscines Bernat Picornell**，和非常小巧的仅能容纳6.5万人的Estadi Olímpic。如今场馆在运动比赛或音乐会之余对公众开放。(L' Anella Olímpica & Estadi Olímpic; www.estadiolimpic.cat; Avinguda de l' Estadi; 免费入场; 4月至9月 8:00~20:00，10月至次年3月 10:00~18:00; 50、61、150)

魔幻喷泉 人造喷泉

5 见154页地图，B2

这是一个横贯Avinguda de la Reina Maria Cristina至Palau Nacional大门的巨型人造喷泉，魔幻喷泉的表演是独一无二的，喷泉中的泉水既像澎湃翻腾的烟火，又似五彩汇集的神秘阖釜。(Font Màgica; 93 316 10 00; Avinguda de la Reina Maria Cristina; 每30分钟一场 11月至次年

当地生活

田园漫步

米拉多花园（Jardins del Mirador；⌚10:00至日落；蒙特惠奇山缆车，米拉多站）中可以看到巴塞罗那港口上最美的风景。坡下远处的**莫森·考斯塔·约贝拉花园**（Jardins de Mossèn Costa i Llobera）的主要特色是热带和沙漠植物——包括漫山遍野的仙人掌。秀丽又凉爽的**莫森·辛多维达·格尔花园**（Jardins de Mossèn Cinto de Verdaguer；www.bcn.cat/parcsijardins；⌚10:00至日落；🚌55、150）则专门种植着球茎和水生植物。

3月 周五和周六 19:00~21:00，4月至10月 周四至周日 21:30~23:00；Ⓜ Espanya）

人类学博物馆

博物馆

6 见154页地图，D3

巴塞罗那的人类学博物馆展出了一些可供深入探究加泰罗尼亚丰富文化遗产的永久收藏品。展品包括起源神话、宗教节日、民间传说，还有圣人和牧师的逸事（不要错过与怪诞的el caganer、别名"废人"的加泰罗尼亚人物角色一同出现的基督诞生场景）。（Museu Etnològic；www.museuetnologic.bcn.cat；Passeig de Santa Madrona 16-22；成人/儿童 €5/3；⌚周二至周六 10:00~19:00，周日 至20:00；🚌55）

巴塞罗那历史博物馆防空洞307

古迹

7 见154页地图，G2

这是巴塞罗那历史博物馆（MUHBA）的一部分，是一个西班牙内战时期的避难所。巴塞罗那一度是内战时期被轰炸得最严重的城市，有超过1300个防空避难所。1937年3月，当地市民开始在蒙特惠奇山的山坳处挖掘这个防空洞。这里仅周日开放，并且只能随团队游览。（MUHBA Refugi 307；☎93 256 21 22；www.museuhistoria.bcn.cat；Carrer Nou de la Rambla 169；成人/儿童 含团队游 €3.40/免费；⌚团队游 周日 10:30、11:30和14:30；Ⓜ Paral·lel）

植物园

花园

8 见154页地图，D5

这个植物园主要种植的是地中海的植物群，还有生长于与地中海气候类似地域的，比如东地中海、西班牙（包括巴利阿里群岛和加那利群岛）、北非、澳大利亚、美国加利福尼亚州、智利和南非等地的约4万株，共1500种植物。（Jardí Botànic；www.museuciencies.cat；Carrer del Doctor Font i Quer 2；成人/儿童 €3.50/免费，周日15:00后免费；⌚4月至9月 10:00~19:00，10月至次年3月 至17:00；🚌55、150）

奥林匹克和体育博物馆

博物馆

9 见154页地图，D4

这个互动式博物馆专门用于展示体育和奥运历史。拿到票之后，你可以沿着蜿

了解当地
20世纪艺术大师

在西班牙和加泰罗尼亚，尤其是后者，涌现了数量惊人的全球著名的20世纪画家，其中3位大师技高一筹：巴勃罗·毕加索（Pablo Picasso）、萨尔瓦多·达利（Salvador Dalí）和胡安·米罗（Joan Miró）。

巴勃罗·毕加索

在西班牙南部马拉加（Málaga）出生的巴勃罗·鲁伊斯·毕加索（Pablo Ruiz Picasso，1881~1973年）在1895年与他的家人一同移居到巴塞罗那。尽管他晚年的大部分时光不是在这里度过的，但他还是会经常回到这座城市，而且人们常说他认为巴塞罗那才是他真正的故乡。毕加索一定是有史以来最忙碌的艺术家之一。当他从一个创作阶段到另一个阶段的过程中，他的作品经历了不断的革新——从他的黯淡忧郁的“蓝色时期”，到更加鲜艳明媚的“粉红色时期”，再到20世纪20年代中期开始涉足超现实主义。毕加索对于原始主义非常热衷，比如那些非洲面具和早期的伊比利亚雕塑，受此启发，他后来成了立体主义大师。你可以在巴塞罗那的毕加索博物馆（见86页）观赏他的早期作品精选。

萨尔瓦多·达利

与毕加索仅仅相隔一代的萨尔瓦多·达利（Salvador Dalí，1904~1989年）以立体主义风格开始创作生涯，但他很快与其他的超现实主义家区分开来。在他称为“绘梦境照片”的作品中，角色复杂，充盈着细节，是将噩梦中的景象从一个狂热兴奋和深受弗洛伊德思想影响的想象画面中抽取而出的名家之作。尽管前有毕加索的声明显赫，达利作为一个极端的表演家和自我营销家，还是博得了名声。他在菲格拉斯（Figueres）出生并在卡达奎斯（Cadaqués）的一个海边小村度过了一生中大部分时光，是巴塞罗那的一位常客。

胡安·米罗

出生在巴塞罗那的胡安·米罗（Joan Miró，1893~1983年）发展了一种欢乐而童真的风格，这为他赢得了法国作家安德烈·布勒东（André Breton）的赞词：“我辈中超现实主义之翘楚。”他后来最为人熟知的时期以简单的鲜亮用色为特点，还形成了一组代表女性、鸟类（陆地与天堂的联系）、星辰（可望而不可即的天堂世界和想象之源）的标志和牵涉了这些宇宙层次的一个系统网。米罗基金会美术馆（见150页）存放着收藏得最完整的胡安·米罗作品。

蜓在底层的坡道向下漫步，路上陈列着从最古老时期开始的体育历史展览。（Museu Olímpic i de l' Esport；☎93 292 53 79；www.museuolimpicbcn.com；Avinguda de l' Estadi 60；成人/学生 €5.10/3.20；⏲团队游 周二至周六 10:00~20:00，周日 10:00~14:30；🚌55、150）

就餐

Palo Cortao

西班牙小吃 €€

10 见154页地图，G2

Palo Cortao以它制作精良的海鲜和肉食而获誉，且菜式价格合理。招牌菜包括章鱼配白鹰嘴豆泥、裙边牛排配雅文邑红酒鹅肝酱和吞拿鱼香煎天妇罗。（☎93 188 90 67；www.palocortao.es；Carrer de Nou de la Rambla 14；主菜 €10~15；⏲周二至周日 20:00至次日1:00和周六、周日 13:00~17:00；M Paral·lel）

当地生活

美食小巷

步行街Carrer de Blai是夜间闲逛的极佳去处。这里有各种在露天小巷中摆着桌子的西班牙小吃酒吧、咖啡馆和餐厅。傍晚时分的啤酒和西班牙小吃特色菜让许多热情的人们纷至沓来。

Quimet i Quimet

西班牙小吃 €€

11 见154页地图，F1

这个摆满了瓶瓶罐罐、地方只够站立的店里，连能够晃动鱿鱼的空间都没有。但这里会带给你味觉的盛宴，提供定制的montaditos（放在一片面包上的西班牙小吃）。（☎93 442 31 42；Carrer del Poeta Cabanyes 25；西班牙小吃 €4~10，montaditos 约€3；⏲周一至周五 正午至16:00和19:00~22:30，周六 正午至16:00；M Paral·lel）

Casa Xica

创意菜 €€

12 见154页地图，D2

Casa Xica在一家旧房子的一层，融合了许多远东及新鲜的加泰罗尼亚元素（店主Marc和Raquel曾在亚洲居住和旅行）。（☎93 600 58 58；Carrer de la França Xica 20；共享菜式 €9~15；⏲周一至周六 13:30~15:00和20:30~23:30；M Poble Sec）

Fàbrica Moritz

加泰罗尼亚菜 €€

13 见154页地图，G1

这个小啤酒厂已在万众期待中重新翻修并开业，里面有葡萄酒吧和餐厅。西班牙小吃和分量更足的菜品是加泰罗尼亚菜式的重头戏，但做好需要排队的心理准备。（☎93 426 00 50；www.moritz.com；Ronda de Sant Antoni 41；西班牙小吃 €4起，三明治 €8~11；⏲6:00至次日3:00；✎；M Sant Antoni）

Tickets

新派西班牙菜 €€€

14 见154页地图，D1

这里几乎是饮食界里最抢手的“门票”之一了。不像El Bulli，这里的体验还是可以支付得起的——如果你能预订到位子的话。只能通过网上预订，并且要提前2个月(或打电话问有没有人临时取消的预约)。(☎606 225545; www.ticketsbar.es; Avinguda del Paral·lel 164; 西班牙小吃 €5~27; ⏰周二至周五 6:30~22:30，周六 13:00~15:00和19:00~22:30，8月休业；Ⓜ Paral·lel)

饮品

La Caseta del Migdia

酒吧

15 见154页地图，E5

为寻找一家简单的露天酒吧费尽心思是值得的。白天手捧啤酒或咖啡眺望大海，日落时分，当慵懒的音乐(从桑巴乐到放克乐)从山腰处飘来，气氛会开始变化。除了饮品，你还可以点户外烤架上烤制的食物。(☎617 956572; www.lacaseta.org; Mirador del Migdia; ⏰周三至周五 20:00至次日1:00，周六和周日 正午开始，冬季仅周末营业；🚌150)

Bar Olimpia

酒吧

16 见154页地图，F1

最受欢迎的奥林匹亚戏剧马戏团(Olimpia Theatre Circus)在20世纪30年代的归程中曾经在这个地方进行表演。如今，这里吸引了形形色色为了自制苦艾酒、小吃[墨西哥夹饼(quesadillas)、

PHOTOJOPE/GETTY IMAGES ©

啤酒与西班牙小吃

芝士拼盘和鞑靼鲔鱼]、杜松子酒和汤力水而来的客人。(☎606 200800; Carrer d'Aldana 11; ⏰周三和周四 19:00至次日1:00，周五和周六 至次日2:30，周日 18:00~23:00；Ⓜ Paral·lel)

La Terrrazza

夜店

17 见154页地图，B3

La Terrrazza是城市里最好的夏日舞池之一，众多本地和外国的高颜值人群来此享受有音乐与鸡尾酒陪伴的精彩夜晚。(☎687 969825; www.laterrrazza.com; Avinguda de Francesc Ferrer i Guàrdia; €15~20; ⏰周四至周六 00:30~6:00，10月至次年4月 休业；Ⓜ Espanya)

探 索

诺坎普体育场、佩德拉尔维斯和萨里亚

诺坎普体育场（Camp Nou）——巴塞罗那足球俱乐部（FC Barcelona）的主场，是世界上最辉煌的体育殿堂之一，也是加泰罗尼亚的文化基奠。山顶的北面，村庄一般的萨里亚（Sarrià）则属于一个风格迥异的巴塞罗那。它与游客众多的市中心区截然不同，是一个精美高端的居民区。附近绿意盎然的佩德拉尔维斯（Pedralbes）则是优雅迷人的中世纪修道院的所在。

一日游行程

和大多数巴塞罗那的旅游胜地一样，**诺坎普体育场**（左图；见164页）是一个非常受欢迎的景点，因此早些前往可以避开午后才到达的拥挤人群。往山上行走一段较长的路途（或乘坐一小段出租车），就是小巧而风光旖旎的**佩德拉尔维斯皇宫花园**（见167页）。在绿荫带里探索一番后，可以前往**Vivanda**（见168页）享受一顿美味可口的午餐。

午餐过后，可以沿着萨里亚老城区的狭长小巷散步。中途可以品尝一块**Foix de Sarrià**（见168页）制作的巧克力，或在**Bar Tomàs**（见168页）喝一杯饮料或品尝著名的小吃。散步（或乘坐出租车）至古朴神秘的**佩德拉尔维斯修道院博物馆**（见167页），你可以用剩余的午后时光去深入探索这座保存完好的中世纪修道院。

结束夜晚最好的方式就是在**诺坎普体育场**（见164页）观看一场巴塞罗那足球俱乐部的现场球赛，球赛过后也许还会在**Lizarran**（见169页）办庆功宴。接下来，前往美丽的Plaça de la Concòrdia，在**El Maravillas**（见169页）来一杯睡前小饮。

顶级景点

诺坎普体育场和诺坎普体验（见164页）

巴塞罗那最佳

餐厅

Vivanda（见168页）

Bangkok Cafe（见169页）

到达和离开

M 地铁 Collblanc站（5号线）和Les Corts站（3号线）是前往诺坎普体育场的最佳站点。

FGC 前往萨里亚（Sarrià站和La Bonanova站）和佩德拉尔维斯修道院博物馆（Reina Elisenda站）最方便的途径是乘坐由市中心Catalunya站开出的郊区火车。

顶级景点

诺坎普体育场

世界上最成功的足球俱乐部——巴塞罗那足球俱乐部——就在诺坎普体育场这个不负这支队伍盛名的场馆里进行主场比赛。该场馆建于1957年，并在1992年世界杯时扩建，是世界上最大的场馆之一，可容纳9.9万人。体育场和俱乐部也是了解加泰罗尼亚人如何看待自我的关键。想知道这些错综繁杂的内容是什么，那就看一场球赛，或参与游览体育场和互动博物馆的诺坎普体验吧。

见166页地图，B4

www.fcbarcelona.com

9号门，Avinguda de Joan XXIII

成人/儿童 €23/18

4月至9月每天 9:00~19:30，10月至次年3月 周一至周六 10:00~18:30，周日至14:30

Ⓜ Palau Reial

在诺坎普体育场观看比赛

不要错过

一场现场球赛

在空旷的体育馆游览也算是一种体验，但没什么能比在现场观看巴塞罗那队比赛更能令人振奋的了。可以上网买票，也可以在FC Botiga商店和旅游局购票，还可以在诺坎普体育场的售票处（9号门）购买。

诺坎普体验

在这趟由你自己带领的团队游中，你会在俱乐部里进行一次深度的游览，从一个摆满了多媒体展品、奖杯和历史展览的博物馆开始，紧接着去参观体育场。行程从巴塞罗那足球俱乐部博物馆开始，这里有他们的夺冠视频、各种奖杯和关于俱乐部的历史，以及对加泰罗尼亚文化有所贡献与关联的各种展品。

球赛幕后

诺坎普体验行程从参观球员的更衣室开始，从隧道离开。当站在球场的边缘，站在这么多足球巨星曾经站立的地方，对巴塞罗那足球俱乐部的球迷来说，这已经是相当有影响力的体验了。你还可以去参观电视演播室、新闻发布室和转播间。大概需要2.5小时去完成整个参观过程。

博迪加-梅嘉商店

无论你是否去看球赛或参加诺坎普体验，都不要错过这个位于体育场旁的大型三层博迪加-梅嘉商店（FC Barcelona Megastore）。你会看到印有巴塞罗那队著名红蓝相间队徽的各种产品。通过触摸屏，你还可以预订一件印有你姓名和喜爱号码的定制球衣，而且当天就可以为你定制完成。

☑ 独家贴士

- 想参加诺坎普体验游览，在9号门入场（Avinguda de Joan XXIII，靠近Carrer de Martíi Franquès）。
- 在比赛日，会有很多黄牛党倒卖门票，一定要确认你可以安全地坐到位置上再付全款。
- 如果你已经有比赛门票，最好在开球之前进场，提前感受现场气氛，并确保你能在这个巨大的场馆里找到自己的座位。

吃喝落脚点

在大门口（但在体育馆外）你就能找到许多露天的饮食店，包括Tapas 24的一家分店。

你还可以在**Lizarran**（见169页）尝到西班牙小吃和饮料，其距离诺坎普体育场附近的Travessera de les Corts约15分钟步程。

A
B
C
D
1
2
3
4
5
0 400 m
0 0.2 miles
SARRIÀ
萨里亚
Ronda de Dalt
C de Ramon Miquel i Planas
Pg de la Bonanova
Pg de la Reina Elisenda de Montcada
Reina Elisenda
Plaça de Sarrià
Sarrià
C d'Iradier
C de les Escoles Pies
C de Ganduxer
Ronda del General Mitre
C de Copèrnic
C de Freixa
C de Raset
La Bonanova
Les Tres Torres
Via Augusta
C d'Anglí
C Major de Sarrià
C de Mañé i Flaquer
C de Rocaberti
C del Dr Roux
Parc de l'Oreneta
Museu-Monestir de Pedralbes
佩德拉尔维斯修道院博物馆
C del Bisbe Català
PEDRALBES
佩德拉尔维斯
Plaça de Sant Gregori Taumaturg
C de Bori i Fontestà
Av de Sarrià
C d'Entença
C de Capità Arenas
Av de Pedralbes
Pg dels Til·lers
Parc del Palau Real
C de Jordi Girona
Pavellons Güell
古埃尔别墅
Jardins del Palau de Pedralbes
佩德拉尔维斯皇宫花园
Palau Reial
Maria Cristina
Plaça de la Reina Maria Cristina
C de Numància
Av Diagonal
Jardins de Sant Joan de Déu
C de Déu i Mata
C d'Europa
C de Les Corts
Plaça de Comas
C de Nicaragua
Parc de les Corts
Jardins de les Infantes
Les Corts
Gran Via de Carles III
ZONA UNIVERSITÀRIA
Av del Doctor Marañón
Cementiri de Les Corts
Av de Joan XXIII
Camp Nou
诺坎普体育场
LES CORTS
C de Joan Güell
Plaça del Centre
C de Berlín
C de Violant d'Hongria
C de Melcior de Palau
C d'Arístides Maillol
Travessera de Les Corts
Jardins de Bacardí
Av de Madrid
SANTS
Plaça de Joan Peiró
Plaça de Sants
Badal
C de Sants
Collblanc
LA TORRASSA
详细介绍请见
顶级景点 164页
景点 167页
就餐 168页
饮品 169页

景点

佩德拉尔维斯修道院博物馆 修道院

1 见166页地图，A2

这个静谧的女修道院在1983年首次对公众开放，现在是展示修道生活的博物馆（几个剩下的修女已经移居更现代化的街区大楼内）。修道院坐落在Avinguda de Pedralbes的最高处的一个居民区内，这里直至20世纪仍是郊区地带，并且至今还是巴塞罗那庄严而宁静的一隅。（Museu-Monestir de Pedralbes；☎93 256 34 34；monestirpedralbes.bcn.cat；Baixada del Monestir 9；成人/儿童€5/免费，周日15:00~20:00 免费；⏰周二至周五 10:00~17:00，周六 至19:00，周日 至20:00；🚌22、63、64、75；🚆FGC Reina Elisenda）

佩德拉尔维斯皇宫花园 公园

2 见166页地图，B3

这片小巧而赏心悦目的绿色空间坐落于繁忙的Avinguda Diagonal不远处。雕塑、喷泉、橘树、竹林、芳香的桉树、参天的柏树和三角梅盛放的角落点缀着这些交织于幽静庭院的羊肠小道。在这些不为人知的珍品中，有一翼藤蔓交缠的弧形凉亭和一眼水流汩汩的赫拉克勒斯喷泉，它们均出自安东尼·高迪之手。（Jardins del Palau de Pedralbes；Avinguda Diagonal 686；⏰4月至10月 10:00~20:00，11月至次年3月至18:00；Ⓜ Palau Reial）

古埃尔别墅 建筑

3 见166页地图，B3

从佩德拉尔维斯皇宫花园漫步一小段，就是高迪为古埃尔庄园（Finca Güell）设计的马厩和搬运工住所，人们也称之为古埃尔公馆。这里的结构是19世纪80年代建造的，那时高迪正被伊斯兰教的建筑风格深刻影响。你可以跟上里面的导览团，英语解说的时间是10:15、11:15和15:00。这里可能会突然暂停开放，所以出发前最好确认一下它的开放时间。

其中一个最夺目的亮点是靠近Avin-

当地生活

漫步萨里亚老城区

就在Via Augusta的西面，萨里亚的老市中心是一个大部分都是步行街的宁静港湾。古老的萨里亚是在大约13世纪时被发现的，并且在1921年才被划入巴塞罗那。这里是在蜿蜒的Carrer Major de Sarrià周边形成的，如今是一个新旧融合、只有零星店铺和餐厅的地方。在它的最高处是漂亮的**萨里亚广场**（Plaça de Sarrià）。当你漫步下山，弯腰进入Plaça del Consell de la Vila、Plaça de Sant Vicenç de Sarrià和Carrer de Rocaberti，一路走到底就是拥有新哥特式走廊的**圣伊莎贝尔修道院**（Monestir de Santa Isabel）。

guda de Pedralbes处的那道巧夺天工的熟铁龙饰大门。(Pavellons Güell; ☎93 317 76 52; Avinguda de Pedralbes 7; 导览游成人/儿童€4/2; ⌚10:00~16:00; Ⓜ Palau Reial)

就餐

Foix de Sarrià

糕点 €

4 见166页地图，B1

从1886年开始，这家独一无二的糕点店就在销售最精美的蛋糕和糖果。你可以将它们打包带走，或者在店里啜一口茶、咖啡或热巧克力，同时品尝那些小蛋糕和其他美妙的食物。(☎93 203 04 73; www.foixdesarria.com; Plaça de Sarrià 12-13; 甜品 €2~5; ⌚8:00~21:00; FGC Reina-Elisenda)

Bar Tomàs

西班牙小吃 €

5 见166页地图，B2

很多巴塞罗那人认为Bar Tomàs是目前为止城市里patatas bravas(配上微辣番茄酱的土豆块)做得最好的地方。尽管灯光比较昏暗，服务态度友好但粗犷，这家店还是被形色各异的人们挤得水泄不通，特别是周末的午餐时间。(☎93 203 10 77; Carrer Major de Sarrià 49; 西班牙小吃 €2.50~5.50; ⌚周一至周六 正午至16:00和18:00~22:00; FGC Sarrià)

Santamasa

加泰罗尼亚菜 €

6 见166页地图，B1

在萨里亚的18世纪漂亮教堂(Sant Vicenç de Sarrià)旁的Santamassa，是适合在白天任何时候去吃一顿便餐的诱人之处。这里的菜单涵盖很广，有创意搭配的小比萨(pizzetes)、沙拉、开口三明治、干酪、汉堡、墨西哥夹饼等一系列菜式，还有适合分享的开胃菜，例如鹰嘴豆泥和鳄梨酱。(☎93 676 35 74; Carrer Major de Sarrià 97; 主菜 €7~12; ⌚9:00至午夜; FGC Reina Elisenda)

Vivanda

加泰罗尼亚菜 €€

7 见166页地图，B1

由加泰罗尼亚名流主厨霍尔迪·维拉(Jordi Vilà)设计的菜单，一定会让用餐者在这个萨里亚经典餐厅中得到最豪华的享受。不断变化的菜式展现了不同季节的食材(像是松露酱鸡蛋、墨鱼米饭，还有罗美思可酱配洋蓟)。Vivanda其中一个最棒的特色是隐藏在餐厅背后、如同花园一般的露台，这里有暖灯，是全年开放的——在冬季会给用餐者提供毛毯和热汤。(☎93 203 19 18; www.vivanda.cat; Carrer Major de Sarrià 134; 共享菜式 €8~18; ⌚周二至周日 13:30~15:30和周二至周六 9:00~23:00; FGC Reina Elisenda)

5º Pino

加泰罗尼亚菜 €€

8 见166页地图，B1

在萨里亚闲逛时，值得绕过几个街区向东走，前往这家颇具魅力的咖啡馆兼餐馆，这也是本地人很爱去享用美味的三明治、沙拉、玉米面饼、西班牙小吃和饮料的一个地方。它位于一条繁忙道路上，然

红酒和西班牙小吃

而户外松木状的露台仍是一个惬意的用餐之处。

附近的游乐场（最适合6岁以下的儿童游玩）也吸引了更多带小孩的父母。（Quinto Pino；☎93 252 22 81；www.quintopino.es；Passeig de la Bonanova 98；三明治€9~13，西班牙小吃€4~8；⌚周一至周五 8:30至次日1:30，周六和周日 10:00至次日1:30；🚉FGC Sarrià）

Bangkok Cafe 泰国菜 €€

9 见166页地图，D4

如果你热衷泰国美食，那就非常值得到Bangkok Cafe一游，这里有辣青木瓜沙拉、冬阴功汤、酸梅酱脆虾、红咖喱和其他的特色菜，你可以在这里发现比加泰罗尼亚多数餐馆还要多的调味品。（☎93 339 32 69；Carrerd' Evarist Arnús 65；主菜€10~13；⌚周二至周日 7:45~23:30和周五至周日 13:00~15:30；M Plaça del Centre）

饮品

El Maravillas 鸡尾酒吧

10 见166页地图，D3

撇开宁静安逸的Plaça de la Concòrdia不谈，El Maravillas就像是一个秘密的藏身点——特别是如果你刚从ciutat vella（老城区）拥挤的道路来到此处。这个明亮的酒吧只有几张桌子，天气暖和时在广场上有露天座位。创意的鸡尾酒、西班牙上等红酒和适口的苦艾酒都是可选择的饮品。（☎93 360 73 78；Plaça de la Concòrdia 15；⌚周一至周四 正午至午夜，周五和周六 至次日2:00；M Maria Cristina）

Lizarran 酒吧

11 见166页地图，C4

如果你正准备去看一场巴塞罗那足球俱乐部的比赛，这是个很适合在赛前或赛后饮酒的地方。这里的啤酒量多又便宜，还有选择丰富的西班牙小吃，并且天气暖和时你还可以坐在店前舒适的露台处。从这里走去体育场大约是15分钟的路程。（Carrer de Can Bruixa 6；⌚周日至周四 8:00至午夜，周五和周六 至次日2:00；M Les Corts）

最佳步行游览
老城区一日游

简介

哥特区、海岸区和拉巴尔区所组成的地带正是巴塞罗那的诞生之处。哥特区是老城区的心脏和灵魂，拉巴尔区是复古店铺与移民暴发户并存的蓬勃之地。海岸区和博恩区则是巴塞罗那的精髓所在——孤傲冷峻，却拥有历史悠久的遗产。这趟行程会带你经过这些地区，参观不同凡响的博物馆、历史悠久的纪念碑、不为人知的广场，并沿着极具魅力的兰布拉大道一路游览。

起点 毕加索博物馆；Ⓜ Jaume I

终点 巴塞罗那现代艺术博物馆；Ⓜ Universitat

距离 2.5公里；2小时

吃喝落脚点

装饰派艺术与波希米亚风格融合的 **Cafè de L'Acadèmia**（见64页）从1929年开始就在兰布拉大道上占据最显眼的位置，是一个完美的老城区小憩之处。

ANSHAR/SHUTTERSTOCK©

大教堂（见56页）

❶ 毕加索博物馆

毕加索博物馆（见86页）最佳参观时间是早上，从这里开始你的行程最合适不过。令这个博物馆与众不同的除了早期的毕加索油画外，如今保存完好、画廊所在的中世纪宅邸也是一大亮点。

❷ 海之圣母玛利亚教堂

Carrer de Montcada是典型的老城区道路：狭窄、喧闹，通往有趣之地。经过一些不错的西班牙小吃酒吧，之后就会看到风景优美、绿树成荫的博恩大道（Passeig del Born；位于你的左手边）和位于你右边的**海之圣母玛利亚教堂**（见90页）。作为加泰罗尼亚哥特风格的巅峰之作，这座教堂充满高贵、明亮和典雅的气息。

❸ 大教堂

在教堂的西南门外的Plaça de Santa Maria del Mar是一个漂亮的小广场，步行街Carrer de l'Argenteria从这里起始并沿西北方向通往哥特区。经过罗马城墙的遗址后，继续向巴塞罗那最古老地区的哥特式建筑中心方向走，就可以看见**大教堂**（见56页）——一座肃穆庄严又金碧辉煌的建筑。

❹ 圣何塞欧利尔广场

圣何塞欧利尔广场是哥特区最具魅力的广场之一。**常青树圣母玛利亚教堂**（见62页）巍峨高耸，古色古香的店铺和酒吧位于广场的正前方。户外的餐桌是享用小吃或饮料的上好位置。

❺ 皇家广场

有更多道路可以通过老城区的中心，去最广阔恢宏的巴塞罗那旧广场**皇家广场**（见62页），这里环绕着各种酒吧和餐厅。路边的灯柱是高迪早期的代表作，千万不要错过。

❻ 兰布拉大道

横贯巴塞罗那老城区的**兰布拉大道**（见52页）将庞大的人群从扩建区引向海边。在到达西海岸进入拉巴尔区前，可以穿过熙熙攘攘的人群和表演者向西北方向前行。

❼ 巴塞罗那现代艺术博物馆

走在时尚前沿的画廊是巴塞罗那的一大特色，**巴塞罗那现代艺术博物馆**（见79页）更是其中的佼佼者。这里融合了现代藏品、令人惊艳的当代建筑和古老修道院的外观，简直是一个完整的巴塞罗那。

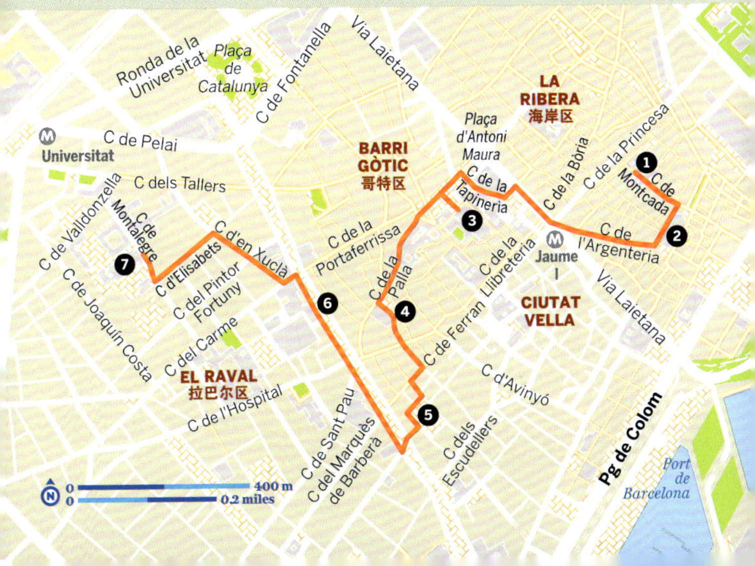

最佳步行游览
现代主义的巴塞罗那

简介

被安东尼·高迪(不止他一人)赋予了内涵的现代主义建筑是巴塞罗那备受瞩目的标志。城市中这样的建筑比比皆是,但扩建区的现代主义建筑最为集中。现代主义的扩建区与世界上任何一座城市的风貌都不相同,这里有起伏的地势、脱俗的内涵、独具创意的屋顶,而且目及之处没有一处笔直的地方。这趟行程会告诉大家为什么多数游客都会在这座动人心弦的城市中流连忘返。

起点 Plaça de Catalunya; Ⓜ Catalunya

终点 神圣家族教堂; Ⓜ Sagrada Família

距离 3公里; 3小时

吃喝落脚点

巴塞罗那的西班牙小吃大厨之于当代美食的重要性,就如同高迪之于20世纪早期建筑一般。闻名遐迩的**Tapas 24**(见129页)充分体现了这一点。

ARSENIY KRASNEVSKY/SHUTTERSTOCK ©

Casa de les Punxes

❶ 阿马特耶之家

如果巴塞罗那有一个与巴黎香榭丽舍大道相当的地方,非格拉西亚大道莫属,在它中段附近有一些相当赏心悦目的现代主义景点。**阿马特耶之家**(见126页)是其中一个亮点,它是何塞·普伊赫·卡达法尔克(Josep Puig i Cadafalch)的杰出作品,带有北欧人字墙的设计风格。

❷ 巴特洛公寓

当你被一群盯着建筑外观而惊叹不止的过路者挡住去路时,你会意识到你已经到达**巴特洛公寓**(见120页)。在这里,高迪将室内空间概念完全颠覆,大多数游客走进这里都会有这个感觉。

❸ 安东尼·塔皮埃斯基金会美术馆

由多梅内克·蒙塔内尔(Domènech i Montaner)设计的**安东尼·塔皮埃斯基金会美术馆**是一座砖铁结构大楼,其中蕴含了受伊斯兰文化启发的细节和许多奇思妙想的元素。盘旋在屋顶的那片蓬勃的杂乱之处是由晚年的安东尼·塔皮埃斯（Antonio Tàpies）想象启发而得，那里面还存放着他那些令人震撼的油画收藏品。

❹ 采石场

沿着格拉西亚大道往山顶方向不远处的**采石场**（见118页），同样拥有高迪顶级传统风格装饰的精美外观，它的内部空间（阁楼仿佛栖息着化石，房中似乎承载着梦境）和屋顶让这栋公寓大楼成了充满创意灵感的王国。

❺ 巴罗·夸德拉斯宫

现代主义者深受哥特式及东方艺术风格影响，你会在**巴罗·夸德拉斯宫**（见127页）发现这里的一切都展现了这个特点。这是出类拔萃的现代主义派天才人物普伊赫·卡达法尔克（Puig I Cadafalch）的作品。

❻ Casa de les Punxes

没有一处如同普伊赫·卡达法尔克的Casa de les Punxes一般，现代主义的审美标准与天真烂漫的童话氛围交汇得如此明显。这座充满新哥特式天马行空想象的城堡中，塔楼就像是女巫的帽子。

❼ 神圣家族教堂

没有什么建筑能与**神圣家族教堂**（见136页）媲美。高迪未完成的巨匠之作无疑是世界上首屈一指的建筑创作，同时它也是现代主义风格的巅峰和一件独辟蹊径的原创作品。

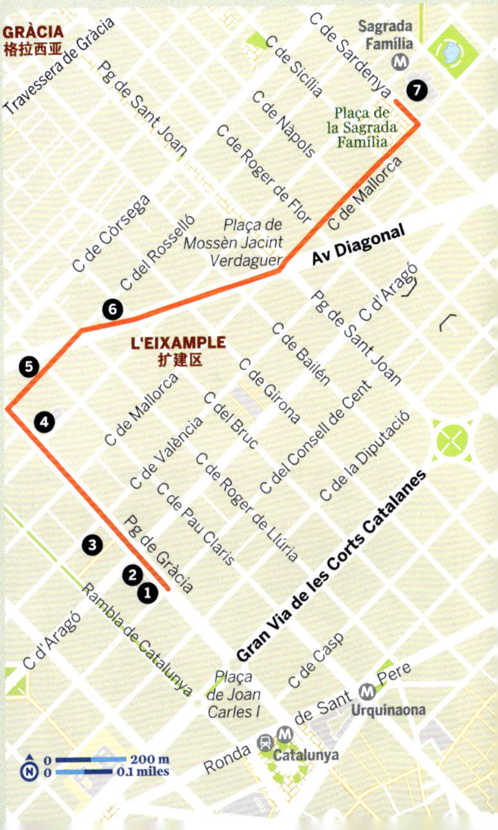

最佳步行游览
美食爱好者的巴塞罗那

简介

巴塞罗那是高品质美食的代名词，并且在这里还可以通过无数种方式品尝美食——从经典的西班牙小吃酒吧和米其林餐厅，到那些销售上等特产、拥有超越百年历史的喧闹市场和角落店铺。美食在这个城市是一种生活态度，也是一个可以更愉快地融入当地文化的方式。这趟行程会带你走进这座城市。

起点 Quimet i Quimet；Ⓜ Paral·lel

终点 Comerç 24；Ⓜ Arc de Triomf

距离 3.5公里；3~4小时

吃喝落脚点

在环境与中世纪时期类似的哥特区，**Cafè de l'Acadèmia**（见64页）提供最出色的加泰罗尼亚料理，阳光明媚的时候你还能够在户外的广场上用餐。

博盖里亚市场（见74页）

❶ Quimet i Quimet

在一个世界闻名的城市中选出最喜爱的西班牙小吃酒吧不是一件容易的事情，但**Quimet i Quimet**（见160页）总会在最终的入围名单中。有口皆碑的加泰罗尼亚小吃，每一杯让人回味无穷的酒精饮品，还有流传了超过五代人才营造出的闲适惬意氛围，谱写着一个近乎完美的秘方。

❷ Granja M Viader

巴塞罗那牛奶酒吧的传统在拉巴尔区经久不衰的**Granja M Viader**（见77页）得到了最闻名的诠释。它的牛奶巧克力饮品赫赫有名，而且整体环境是美国餐馆和19世纪巴塞罗那的混合体。

❸ 博盖里亚市场

在巴塞罗那最好的市场**博盖里亚市场**（见74页）中最容易接触到巴塞罗那的饮食传统。城市里的名流厨师会来这里采购，而这里的一切都是有关食物色泽、品质以及那些注重饮食的人群。

❹ Caelum

西班牙料理的其中一个特点是，这些食物是从国内各个修道院开始出现的。这些单品很多都与其他制作精美的罕见佳肴一起，在**Caelum**（见68页）包装销售。逗留于此，可以在中世纪的地下室里享受一杯咖啡。

❺ Formatgeria La Seu

这里专门精加工来自西班牙各地的芝士，狭小的Formatgeria La Seu与它庞大的生产规模十分矛盾——它只销售从小规模农户处得到的最精华的部分，并且出货频繁。在后面温馨的房间里品尝红酒和芝士是一大乐事。

❻ Hofmann Pastisseria

一天中任何时候，品尝一口丰盈的树莓馅儿牛角包、香脆的榛子曲奇，或是一块回味无穷的蛋糕都是合乎时宜的，只要它们是**Hofmann Pastisseria**（见102页）出品的。可以打包一些甜品带走，在博恩大道上享用。

❼ Bormuth

有着现代化服务和装潢的**Bormuth**（见98页）已经成了老派西班牙小吃的潮流，这里有各种经典招牌小吃——配番茄酱的烤土豆（patatas bravas）、俄罗斯沙拉（ensaladilla）、玉米面饼——还有一些不常见但制作精良的菜式（可以尝试一下炭烤红辣椒血肠）。

BAR PASTIS
CALLE
DE
GARCÍA LORCA
routard
2012
Bar
4
EL WC ES SOLO
PARA CLIENTES
TOILET ONLY
FOR COSTOMERS
EMPUJAR

生存指南

Bar Pastís（见82页），拉巴尔区

生存指南

出发前

何时去

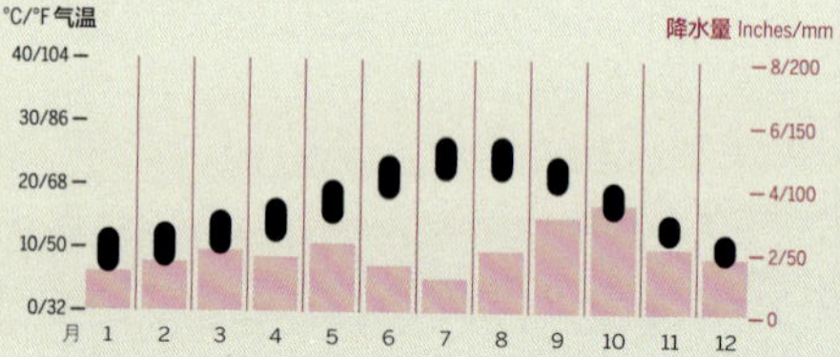

➡ **夏季(6月至8月)**

适合去沙滩的炎热天气,但在7月和8月常常会被游客淹没,本地人都会在8月离开城市。

➡ **秋季(9月至11月)**

9月是游览的最佳月份之一,10月和11月可能多雨。

➡ **冬季(12月至次年2月)**

夜晚可能会有些凉意,还可能有雨,但这时游客比较少,而且有机会遇上晴天。

➡ **春季(3月至5月)**

游览城市的好时光。游客不会很多,尽管4月和5月可能会有雨。

预订住宿

☑ **独家贴士** 如果你到达前没有提前预订住宿,Plaça de Catalunya的旅游局应该可以帮到你。

➡ 巴塞罗那住宿常年都比较紧张,所以一定要尽可能提早预订。

➡ 巴塞罗那住宿的性价比通常都很高,但在周末、重要节日以及商品交易会期间价格可能会翻倍。

➡ 待在哥特区、拉巴尔区和海岸区能让你置身于各种活动的中心,但周四至周末的夜晚可能会比较喧闹和悠长。

➡ 扩建区会比较安静(假如你不是在一条繁忙的大马路上),但如果你是为海滩而来的话,小巴塞罗那是相当完美的住处。

参考网站

Lonely Planet(www.lonelyplanet.com)分区域指南,

还有全面的酒店、青年旅舍、客栈和公寓的榜单。

Oh Barcelona（www.oh-barcelona.com）酒店和公寓的列表，还有提供住宿建议的贴士。

Barcelona Bed and Breakfasts（www.barcelonabedandbreakfasts.com）各种低调、经常被忽略的住宿榜单。

最佳经济型住宿

Casa Gràcia（www.casagraciabcn.com）拥有缤纷的客房、共用晚餐、电影屏幕和其他活动的时尚青年旅舍。

Amistat Beach Hostel（www.amistatbeachhostel.com）小巧、温暖和热情的青年旅舍，靠近海滩和Poblenou的餐厅。

Tailor's Hostel（www.tailors-hostel.com）圣安东尼弥漫着复古气息的时尚选择。

Chic & Basic Ramblas（www.chicandbasic.com）拥有不容小觑的设计声望，特别是装饰风格古朴的大厅。

Pars Teatro Hostel（www.teatrohostel.com）波布塞克边缘处布置得很戏剧化的空间。

Pensió 2000（www.pensio2000.com）这个家庭经营的地方有相当宽敞的双人间，房内有铺满马赛克的地板和独立卫生间。

最佳舒适型住宿

Hotel Brummell（www.hotelbrummell.com）颇具灵气的波布塞克时尚住所。

Five Rooms（www.thefiverooms.com）扩建区规模小但极富魅力的选择。

Cami Bed & Gallery（www.camibedandgallery.com）充满艺术气息的现代主义大楼中有7套别具一格的房间。

Hotel Market（www.andilanahotels.com）圣安东尼相当热门的街区中设计精美的房间。

H10 Port Vell（www.h10hotels.com）地理位置极佳的舒适处所，小巴塞罗那和博恩区就在出门不远处。

Hotel Constanza（www.hotelconstanza.com）扩建区的一家精品酒店，充满了周到的细节，还有一方景色宜人的露台。

最佳高端住宿

Cotton House（www.hotelcottonhouse.com）精心设计的扩建区酒店——你应该会不想离开。

Serras Hotel（www.hoteltheserrasbarcelona.com）位于哥特区绝佳位置的奢华住处。

Hotel Neri（www.hotelneri.com）美轮美奂、历史悠久的酒店，坐落于哥特区静谧一隅。

Hotel Casa Fuster（www.hotelcasafuster.com）风光如画的格拉西亚公馆，内部装饰引人注目。

DO（www.hoteldoreial.com）哥特区中俯瞰着皇家广场、华丽恢宏的精品酒店。

Grand Hotel Central（www.grandhotelcentral.com）拥有宽敞舒适的房间和屋顶无边泳池。

抵达巴塞罗那

☑ **独家贴士** 抵达住宿地的最佳方式见45页。

普拉特机场

巴塞罗那的**普拉特机场**（Aeroport del Prat; ☎902 404704; www.aena.es）位于Plaça de Catalunya西南方17公里处的El Prat de Llobregat。这个机场有两座主要的航站楼：新的1号航站楼和比较老的2号航站楼，其中还分为了3个候机区域（A、B、C）。**旅游局总部**（⏰8:30~20:30）在航站楼2B的1层。其他咨询处位于航站楼2A的1层和1号航站楼内，开放时间相同。

➡**A1机场巴士**（A1 Aerobús; ☎902 100104; www.aerobusbcn.com; 单程/往返€5.90/10.20; ⏰6:00至次日1:00）从1号航站楼开往Plaça de Catalunya（30~40分钟，视交通情况而定），途经Plaçad' Espanya、Gran Via de les Corts Catalanes和Plaça de la Universitat，6:10至次日1:05每5~10分钟一班。

➡**R2北方火车**（R2 Nord Train; 单程€4.50; 5:42~23:38）每30分钟从机场发车，途经几个站点后到达巴塞罗那火车总站Estació de Sants（20分钟）和巴塞罗那市中心的格拉西亚大道（25~30分钟）。机场火车站距离2号航站楼大约5分钟步行距离。

➡搭乘出租车到市中心（约30分钟，视交通情况而定）价格是€25~30。

希罗纳–科斯塔布拉瓦机场

希罗纳–科斯塔布拉瓦机场（Aeroport de Girona-Costa Brava; www.girona-airport.net）位于Girona南部12公里、巴塞罗那东北方92公里处。这里的1层有旅游局、自动取款机和失物招领处。

➡**Sagalés**（☎902 130014; www.sagales.com）主营巴塞罗那往来于希罗纳机场和Estació del Nord车站的Barcelona Bus（www.barcelonabus.com）服务（单程/往返€16/25，1.25小时）。

Reus机场

Reus机场（Aeroport de Reus; ☎902 404704; www.aena.es）位于Tarragona西面13公里、巴塞罗那西南108公里处。旅游局和失物招领处在主航站楼内。

➡**Hispano-Igualadina**（☎93 339 73 29; www.igualadina.com; Carrer de Viriat; Ⓜ EstacióSants）的公共汽车服务往来于Reus机场和Estaciód' Autobusos de Sants之间（单程€16，1.5小时）。

当地交通

自行车

☑**优势**…… 海滨观光骑行。

➡巴塞罗那有超过180公里的自行车道。

➡有一条东北走向、从小巴塞罗那到奥林匹克港的海滨路径，并一直延伸至Riu Besòs。

➡可以租自行车的地方很多，特别是在哥特区和海岸区。要注意红色的"Bicing"自行车只有巴塞罗那居民才能使用。

➡工作日期间（7:00~9:30和17:00~20:30除外）你可以带着你的自行车搭乘地铁。周末、节假日和7月至8月对此没有限制。

长途汽车/公共汽车

☑**优势**…… 夜间游览。

➡**Transports Metropolitans de Barcelona**（TMB；☎93 298 70 00；www.tmb.net）的公共汽车从早晨5:00或6:00开始运营至23:00，视线路而定。很多线路会经过Plaça de Catalunya和Plaça de la Universitat。

➡23:00以后班次较少的黄色夜间公共汽车（nitbusos）会运营至次日3:00或5:00。所有夜间公共汽车线路都经过Plaça de Catalunya，而且大多是30~45分钟一班。单程票价是€2.15，可以在车上买票。

FGC火车

☑**优势……** 从Plaça de Catalunya至各处分散的景点游览，例如Tibidabo、萨里亚和佩德拉尔维斯。

➡FGC（www.fgc.net）的城郊铁路网络可前往许多地铁无法到达的地方。它的运营时间与地铁类似，单程票价格€2.15。

缆车

☑**优势……** 前往蒙特惠奇山及其周边。

➡缆车连接着小巴塞罗那和波布塞克与蒙特惠奇山。

➡**港口缆车**（Teleférico del Puerto；见108页地图；www.telefericodebarcelona.com；Passeig Escullera；单程/往返€11/16.50；⏲3月至10月11:00~19:00，11月至次年2月 至17:30；🚌17、39、64；Ⓜ Barceloneta）从Torre de Sant Sebastià（在小巴塞罗那）开往Miramar（蒙特惠奇山上）。

➡索道从Paral·lel地铁站开往Estació Parc Montjuïc，并且价格算在地铁票务系统中。

➡**蒙特惠奇山缆车**（www.telefericdemontjuic.cat；Av de Miramar 30；成人/儿童单程 €8/6.20；⏲6月至9月10:00~21:00，10月至次年5月 至19:00；🚌55、150）从Estació Parc Montjuïc开往蒙特惠奇山顶峰的蒙特惠奇城堡。

地铁

☑**优势……** 可以前往城市中的任何一处，线路和站点覆盖全城。前往蒙特惠奇山和萨里亚不适用。

➡**Transports Metropolitans de Barcelona**（TMB；☎93 298 70 00；www.tmb.net）经营着8条以不同颜色标识的地铁线路。

➡单程票比较适合单次行程，不管你需要中转多少次，车票价格都是€2.15，并且可以在地铁站购买。

➡买一张Targeta T-10（€10.30）可以节省费用——可以搭乘10次（每次有效时间为1.25小时）地铁、公共汽车和FGC火车。

➡地铁在周日至周四从5:00运营至午夜，周五从5:00至次日2:00，周六通宵运营。

出租车

☑**独家贴士** 跨越城镇的短途旅行（高峰期以外）和深夜交通。

➡出租车的价格比较合理，收费标准都贴在副驾驶侧的窗户内。

➡你可以打电话或直接在街上招停一辆出租车。比较靠谱的运营商有**Fonotaxi**（☎93 300 11 00）和**Radio Taxi 033**（☎93 303 30 33；http://radiotaxi033.com）。

实用信息

签证

中国大陆居民需要通过VFS Global向西班牙大使馆申请申根签证，需在出发前90天内、至少15个工作日前提交申请。北京、上海和广州有西班牙签证申请中心。须支付453元使馆签证费、153元VFS代办的服务费，共计606元，6岁以下的儿童免签证费和服务费。所有费用均须以人民币现金支付。具体内容请查询www.spainvisa-china.com。

现金

西班牙的货币是欧元(€)，1欧元为100分。

自动取款机 覆盖范围广，当地八成自动取款机受理银联卡提取欧元现金，包括BBVA、La Caixa、Santan-vder、Banco Popular、Bankia，以及西班牙两大银行卡网络Telebanco和Euro6000联网的所有银行。银联卡取款没有手续费，部分自动取款机将收取取款服务费，由西班牙当地银行收取，使用借记卡取款手续费相对较低。

现金 银行和房屋信贷互助(building societies)会提供最低汇率，记得带上你的护照以证明身份。

信用卡和借记卡 大多数酒店、餐厅和商店都可以使用。可能需要出示护照或其他带有相片的证件。巴塞罗那的主要商业街、当地的百货连锁集团、名品专卖店，以及特色餐厅、知名酒店等都可以刷银联卡消费。

折扣卡

☑ **独家贴士** Articket BCN(见80页)对文化爱好者来说非常划算，€30即可游览6家博物馆。

以下卡券(学生卡除外)可于旅游局购买：

Arqueo Ticket(每人€13)能够参观4家博物馆(巴塞罗那历史博物馆、Museud' Arqueologia de Catalunya、Museu Egipci和Born Centre de Culturai Memòria)。

Barcelona Card(www.barcelonacard.com; 2/3/5日€35/45/60)免费交通(并且乘坐机场巴士有8折优惠)、折扣入场券(低至7折)以及很多景点的免费门票。网上预订会更便宜，儿童版也有出售。

Ruta del Modernisme(www.rutadelmodernisme.com; €12)巴塞罗那主要现代主义景点的折扣。

学生卡 许多景点低至5折。

电源

插座和转换器：中国使用的两脚或三脚插头的电器需要使用转换器，才能安全使用。

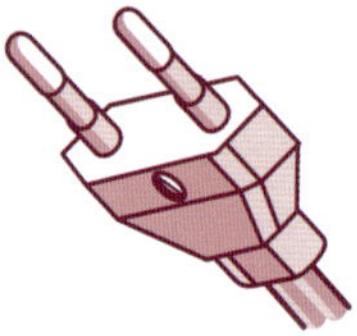

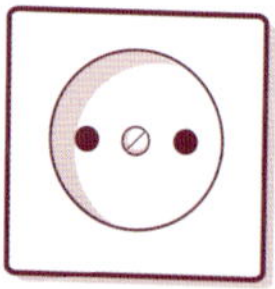

220V/230V/50Hz

旅游信息

巴塞罗那旅游局(Turisme de Barcelona; www.barcelonaturisme.com)在城市各处都有分局：

加泰罗尼亚广场（见78页地图；☎93 285 38 34；Plaça de Catalunya 17；⏰9:30~21:30；Ⓜ Catalunya）总部。

哥特区（见60页地图；☎93 285 38 32；Carrer de la Ciutat 2；⏰周一至周五 8:30~20:30，周六 9:00~19:00，周日和节假日 9:00~14:00；Ⓜ Jaume I）

Estació Sants（Estació Sants；⏰8:00~20:00；Ⓜ EstacióSants）

普拉特机场（⏰8:30~20:30）

营业时间

☑ 巴塞罗那比较小的店铺都会关门午休一段时间，通常是14:00~16:30或17:00。

银行 周一至周五8:30~14:00；一些银行还会在周四16:00~19:00和周六9:00~13:00营业

中心邮局 周一至周五8:30~21:30，周六8:30~14:00

餐厅 午餐13:00~16:00，晚餐20:00至午夜

商店 10:00~14:00和16:30~19:30或17:00~20:00

紧急情况

救护车 ☎061

欧盟统一紧急号码 ☎112

火警 ☎080或☎085

警察局（Mossosd' Esquadra）☎088

节假日

很多商店会于以下日期暂停营业，并且景点也会缩短开放时间：

元旦 1月1日

主显节（Epiphany）1月6日

受难节（Good Friday）3月末/4月

复活节后次日（Easter Monday）3月末/4月

劳动节 5月1日

Dilluns de Pasqua Grande（圣灵降临节的后一日）5月/6月

施洗者圣约翰节（Feast of St John the Baptist）6月24日

圣母升天日（Feast of the Assumption）8月15日

加泰罗尼亚国庆节（Catalonia' s National Day）9月11日

Festes de la Mercè 9月24日

西班牙国庆节（Spain' s National Day）10月12日

要和不要

餐饮 在一些比较休闲的餐厅和酒吧里，侍应生不会期待每次上菜时你都感谢他，但他们会希望你把餐具放置在菜品之间。

扶手梯 一定要站在右边以便让人通行，特别是坐地铁的时候。

问候 加泰罗尼亚人就像其他西班牙人一样，常常会在问候朋友和陌生人的时候亲吻两边的脸颊，虽然两个男性之间很少这样做。外国人也可以不这么做。

参观教堂 在有弥撒和其他宗教活动的时候作为游客参观教堂会被当作不尊敬的行为，这个时候拍照更是万万不可的。

省钱贴士

- 留意各景点能否免费入场。
- 在餐厅吃午餐时，可以点每日套餐（menú del día）。
- 购买折扣卡。
- 购买可以搭乘10次的交通卡游览城市。

万圣节（All Saints' Day）11月1日

行宪纪念日（Constitution Day）12月6日

圣母受孕日（Feast of the Immaculate Conception）12月8日

圣诞节 12月25日

圣士提反日（St Stephen's Day；节礼日）12月26日

电话

手机

- 当地的通信公司包括Vodafone、Movistar、Orange和Yoigo，SIM卡的售价为€10起，可在电话经销店、商店、烟草店（estancos）或书报摊购买。
- 如果在巴塞罗那期间打算使用自己的电话，需要开通国际漫游。

电话区号

国家代码 ☎34

国际接入码 ☎00

厕所

巴塞罗那几乎没有公共厕所，所以咖啡馆和酒吧是你应急的最佳选择。使用前确保你选择的酒吧是带有卫生间的。

旅行安全

以众多游客为目标的小偷小摸是巴塞罗那存在的一大问题，尽管多数游客都不会遇到这样的麻烦。在机场火车、地铁（特别是在深受游客欢迎的站点附近）和兰布拉大道时要特别留心一些。

残障旅行者

- 一些酒店和许多公共机构都会有无障碍通道。
- 所有公共汽车和越来越多的地铁站都能让轮椅通行。
- 地铁2号线、9号线和11号线都被完全改造以便通行，1号线上大部分站也都如此。
- 地铁站的售票机都被改造成了残疾人适用的，还有专为盲人设计的盲文选项。

Accessible Barcelona（www.accessiblebarcelona.com）上有很多有用的信息，链接着一些重要网站，尽管不是经常更新。

一些出租车公司有提供改装车辆，包括**Taxi Amic**（☎93 420 80 88；www.taxi-amic-adaptat.com）和**Gestverd**（☎93 303 09 09；www.gestverd.com）。

语言

加泰罗尼亚语（català）和西班牙语（更确切的名称是castellano或Castilian）在加泰罗尼亚都是官方语言。在巴塞罗那你会同时听到西班牙语和加泰罗尼亚语，并且你会发现当地人会非常乐意和你说西班牙语，特别是当他们知道你是外国人的时候。在这个章节我们会教你一些西班牙语帮助你入门，同时也会在最后附上一些加泰罗尼亚语的基础知识。

像读英语一样阅读我们的发音教程，这样当地人应该能听懂你说的话。请注意（m/f）表示的是阳性和阴性形式。

需要常用语手册为你的旅行做充足准备的话，请浏览**lonelyplanet.com**。可通过Apple App store下载Lonely Planet iPhone版常用语手册。

基本用语

你好。
Hola. o·la

再见。
Adiós. a·*dyos*

你过得好吗？
¿Qué tal? ke tal

很好，谢谢。
Bien, gracias. byen *gra*·thyas

请。
Por favor. por fa·*vor*

谢谢。
Gracias. *gra*·thyas

劳驾。
Perdón. per·*don*

对不起。
Lo siento. lo *syen*·to

是。/不是。
Sí./No. *see/no*

你会讲（英语）吗？
¿Habla (inglés)? a·bla (een·*gles*)

我（不）明白。
Yo (no) entiendo. yo (no) en·*tyen*·do

餐饮

我是素食者。（m/f）
Soy vegetariano/a. soy ve·khe·ta·*rya*·no/a

干杯！
¡Salud! sa·*loo*

太好吃了！
¡Estaba buenísimo! es·*ta*·ba bwe·*nee*·see·mo

麻烦结账。
Por favor nos trae la cuenta. por fa·*vor* nos *tra*·e la *kwen*·ta

我想要……
Quisiera ... kee·*sye*·ra ...

一杯咖啡	*un café*	oon ka·*fe*
一张两人桌	*una mesa para dos*	oo·na *me*·sa *pa*·ra dos
一杯葡萄酒	*un vino*	oon *vee*·no
两杯啤酒	*dos cervezas*	dos ther·*ve*·thas

购物

我想买……
Quisiera comprar ... kee·*sye*·ra kom·*prar* ...

我可以看看吗?
¿Puedo verlo? pwe·do ver·lo

这个多少钱?
¿Cuánto cuesta? kwan·to kwes·ta

这太贵了。
Es muy caro. es mooy ka·ro

能便宜点吗?
¿Podría bajar un poco el precio? po·dree·a ba·khar oon po·ko el pre·thyo

紧急情况

救命!
¡Socorro! so·ko·ro

叫医生!
¡Llame a un médico! lya·me a oon me·dee·ko

叫警察!
¡Llame a la policía! lya·me a la po·lee·thee·a

我迷路了。(m/f)
Estoy perdido/a. es·toy per·dee·do/a

我不舒服。(m/f)
Estoy enfermo/a. es·toy en·fer·mo/a

洗手间在哪儿?
¿Dónde están los baños? don·de es·tan los ba·nyos

时间和数字

现在几点?
¿Qué hora es? ke o·ra es

现在(10)点。
Son (las diez). son (las dyeth)

早上	mañana	ma·nya·na
下午	tarde	tar·de
晚上	noche	no·che
昨天	ayer	a·yer
今天	hoy	oy
明天	mañana	ma·nya·na

1	uno	oo·no
2	dos	dos
3	tres	tres
4	cuatro	kwa·tro
5	cinco	theen·ko
6	seis	seys
7	siete	sye·te
8	ocho	o·cho
9	nueve	nwe·ve
10	diez	dyeth

交通和方位

……在哪儿?
¿Dónde está ...? don·de es·ta...

地址是什么?
¿Cuál es la dirección? kwal es la dee·rek·thyon

你可以(在地图上)指给我看吗?
¿Me lo puede indicar (en el mapa)? me lo pwe·de een·dee·kar (en el ma·pa)

我想去……
Quisiera ir a ... kee·sye·ra eer a...

它什么时候到达/离开?
¿A qué hora llega/sale? a ke o·ra lye·ga/sa·le

我想在这里下车。
Quiero bajarme aquí. kye·ro ba·khar·me a·kee

加泰罗尼亚基本用语

早上好。
Bon dia. bon dee·a

下午好。
Bona tarda. bo·na *tar*·da

晚上好。
Bon vespre. bon *bes*·pra

再见。
Adéu. a·*the*·oo

请。
Sisplau. sees·*pla*·oo

谢谢。
Gràcies. *gra*·see·a

别客气。
De res. de res

劳驾。
Perdoni. par·*tho*·nee

对不起。
Ho sento. oo *sen*·to

你过得好吗?
Com estàs? kom as·*tas*

非常好。
(*Molt*) *Bé.* (mol) be

幕后

说出你的想法

我们很重视旅行者的反馈——你的评价将鼓励我们前行，把书做得更好。我们同样热爱旅行的团队会认真阅读你的来信，无论表扬还是批评都非常欢迎。虽然很难一一回复，但我们保证将你的反馈信息及时交到相关作者手中，使下一版更完美。我们也会在下一版特别鸣谢来信读者。

请把你的想法发送到**china@lonelyplanet.com.au**，谢谢！

请注意：我们可能会将你的意见编辑、复制并整合到Lonely Planet的系列产品中，例如旅行指南、网站和数字产品。如果不希望书中出现自己的意见或不希望提及你的名字，请提前告知。请访问lonelyplanet.com/privacy了解我们的隐私政策。

声明

封面图片：采石场的屋顶露台，Christopher Groenhout/Lone/Getty。

本书部分地图由中国地图出版社提供，其他为原书地图，审图号GS(2017)1708号。

关于本书

这是Lonely Planet *Pocket Barcelona*的第5版。本书的作者为瑞吉斯·圣路易斯和萨丽·戴维斯。

本书为中文第一版，由以下人员制作完成：

项目负责 关媛媛

项目执行 丁立松

翻译统筹 肖斌斌 王玫珺

翻　　译 吕国斌 彭思羽

内容策划 郭瑶（本土化） 寇杰 李小可

视觉设计 李小棠 庹桢珍 佟雪莹

协调调度 高原 沈竹颖

责任编辑 林紫秋

特约编辑 周喻

地图编辑 马珊

制　　图 刘红艳

流　　程 孙经纬

终　　审 朱萌

排　　版 北京梧桐影电脑科技有限公司

感谢朱琳、张茜、巫殷昕、张妲对本书的帮助。

索引

可参考如下子索引:

就餐 见191页

饮品 见192页

娱乐 见193页

购物 见193页

景点 000
地图页码 **000**

就餐

景点 000
地图页码 000

饮品

娱乐

购物

我们的故事

一辆破旧的老汽车，一点点钱，一份冒险的感觉——1972年，当托尼（Tony Wheeler）和莫琳（Maureen Wheeler）夫妇踏上那趟决定他们人生的旅程时，这就是全部的行头。他们穿越欧亚大陆，历时数月到达澳大利亚。旅途结束时，风尘仆仆的两人灵机一闪，在厨房的餐桌上制作完成了他们的第一本旅行指南——《便宜走亚洲》（*Across Asia on the Cheap*）。仅仅一周时间，销量就达到了1500本。Lonely Planet从此诞生。

现在，Lonely Planet在都柏林、富兰克林、伦敦、墨尔本、奥克兰、北京和德里都设有公司，有超过600名员工及作者。在中国，Lonely Planet被称为“孤独星球”。我们恪守托尼的信条：“一本好的旅行指南应该做好三件事：有用、有意义和有趣。”

们的作者

瑞吉斯·圣路易斯（Regis St Louis）

10年前，瑞吉斯来到巴塞罗那，被那些精美的建筑、烹饪创意和热心的巴塞罗那人深深触动，开始爱上这座城市。自此以后，他经常光顾巴塞罗那，学习西班牙语和少量加泰罗尼亚语，钻研巴塞罗那无尽的、深厚的文化遗产。最近他的巴塞罗那之旅的难忘经历包括在de Reis期间招待3个大胡子国王、在一个海滨郊区赶上一个超现实杂技艺术表演，以出时分探索蒙特惠奇山的偏远角落。瑞吉斯是上一版《巴塞罗那》口袋指南的作者，《西班牙》《葡萄牙》以及其他几十本Lonely Planet指南做出了贡献。

萨丽·戴维斯（Sally Davies）

萨丽1992年来到西班牙塞维利亚，当时身上只有少许比塞塔（peseta，西班牙基本货币单位），仅会5个西班牙语单词。虽然几乎不能与人交流，但是她很快就找到了一份待遇不错的工作——在1992年的世博会上发传单。2001年，她定居巴塞罗那，现在她仍然相信，自己日常工作就是研究一流餐馆、游览博物馆以及考虑如何对外宣传这座无与的城市。

巴塞罗那

中文第一版

书名原文：*Pocket Barcelona*（5th edition，Nov 2016）

图书在版编目(CIP)数据

巴塞罗那 / 澳大利亚 Lonely Planet 公司著；吕国斌，彭思羽译. -- 北京：中国地图出版社，2017.7
书名原文：Pocket Barcelona
ISBN 978-7-5204-0083-1

Ⅰ. ①巴… Ⅱ. ①澳… ②吕… ③彭… Ⅲ. ①旅游指南－巴塞罗那 Ⅳ. ① K955.19

中国版本图书馆 CIP 数据核字 (2017) 第 167348 号

出版发行	中国地图出版社
社　　址	北京市白纸坊西街 3 号
邮政编码	100054
网　　址	www.sinomaps.com
印　　刷	北京华联印刷有限公司
经　　销	新华书店
成品规格	106mm×153mm
印　　张	6.75
字　　数	218 千字
版　　次	2017 年 7 月第 1 版
印　　次	2017 年 7 月北京第 1 次印刷
定　　价	46.00 元
书　　号	ISBN 978-7-5204-0083-1
审 图 号	GS（2017）1708 号
图　　字	01-2017-3890

如有印装质量问题，请与我社发行部（010-83543956）联系